Teach Yourself Italian Conversation: © 2020
By Dr. Yeral E. Ogando
Publisher: Christian Translation LLC
www.christian-translation.com
Printed in the USA

ISBN 13: 978-1-946249-16-6
ISBN 10:

1. Language Learning 2. Italian Language

DEDICATION

This book is dedicated to the Unique and forever-lasting person who has always been there for me, no matter how stubborn I am:

GOD

I also want to dedicate this work to YOU (the reader), because you have taken the moment to read this incredible story and without you I would not have been here.

You all have a special place in my heart.
Always.

ACKNOWLEDGMENTS

Gratitude to my Lord God for giving me the opportunity to write this book; Teach Yourself Italian Conversation, dedicated to God above all, then to sons Bennett, Ethan & Nathan and to my daughters Yeiris & Tiffany, my lovely grandparents Seferina and Rey Luis. To my friend Aneudys Peguero, Marco Stagi and Nicoletta Natoli, who were my guide and pillars for me to learn this language, without them, this book would not be possible.

I also want to dedicate this work to all of you, who wants to succeed in life and special to Nicoletta Natoli, who has revised the contents of this book and helped me creating the final edition.

This book has been inspired by all of you, thus providing you with an easy and comphensive tool to learn the language quickly.

I encourage you to study the content of this book and you will see positive results in short time.

God bless you all

Dio vi benedica

Yeral Ogando
www.aprendeis.com

Table of Contents

INTRODUCTION

Teach Yourself Italian Conversation is not a book for beginners. If you are at your early stage of learning Italian, I strongly advise you to start by **Teach Your Self Italian, Volume One**. This book is a conversation course and it contains 22 large and enriched conversation in Italian for middle and advanced levels. I have noted down afew words and phrases in English for a better understanding, but the goal of this book is to give you a better understanding and native skills to speak like a native listening to native speakers.

If you are middle or advanced level, meaning that you are already speaking the Italian language and you are looking for perfectionate the language and speak like a native, then **Teach Yourself Italian Conversation** is the perfect tool for your learning experience. Each and every conversation in this book are available in MP3 audio recording with native voices for a perfect learning environment.

How to be Successful in Mastering Italian

1.   Dedicate 20 minutes daily to study, instead of a couple of hours a week. It is much more effective to spend no more than 20 or 30 minutes a day studying Creole.

2.   Return to the previous lessons and review the words and language structures until the topics that seemed difficult become easy.

3.   Pronounce the words and phrases aloud and listen to the MP3 Audio when you can. *CHECK THE **BONUS PAGE** FOR MP3 AUDIO DOWNLOADING.*

4.   Take advantage of every opportunity to practice the language. Try to meet native speakers so that you can practice with them, or practice with your classmates; it is always more beneficial to speak to a native speaker and listen to the accents and the pronunciations directly from a native.

5.   Do not worry about making mistakes. What is most important is to communicate and interact with the little you have learned, you could be surprised at how well you can make yourself understood. Do not forget that you are learning a new language; therefore, you do not know everything about it, it is logical to make mistakes. As a matter of fact, the best way to learn is making mistakes and having those mistakes corrected. If you already knew Creole, you would not be studying it. DO NOT BE ASHAMED TO SPEAK…

Teach Yourself Italian Conversation

SYMBOLS AND ABBREVIATIONS

Audio Symbol: This indicates that the MP3 Audio download is needed for this section. Please note that every single word in Creole from this book is in MP3.

Keywords and Phrases: This indicates keywords and main phrases translated for a better understanding.

⟨Before your start⟩

If you have completed the first volume of **Teach Yourself Italian**, you are already aware that learning Italian is not difficult when you have the right tools. You will be surprised to see how fast you have learned to recognize words. The texts in this book are up to date and modern Italian for this generation, so be ready to improve your skills.

If you still have not downloaded your MP3 Audio files, check our **BONUS PAGE** for the DOWNLOAD.

I recommend that you always read aloud, so you can listen to yourself and compare the pronunciation with the one in the MP3 Audio. If you have any issues with the pronunciation, remember to check the **Pronunciation Guide** found on **Teach Yourself Italian** volume one.

Teach Yourself Italian Conversation is a powerful method that combines everyday conversation with real people and events along with a vocabulary after every section. Pay close attention to the way people speak.

Do not forget that it is more effective to study a few minutes a day than to attempt to study a big portion occasionally. Your concentration will be best taken advantage of with 20 minutes of daily study.

Steps on how to use this book for better results

Review your book **Teach Yourself Italian,** Volume One. Make sure to go over the grammar and vocabulary to be ready for **Teach Yourself Italian Conversation**. If you still do not have **Teach Yourself Italian**, I strongly recommend you to get it, study it and then you can start with **Teach Yourself Italian Conversation**.

Assuming you have master **Teach Yourself Italian**, we will move on the **Teach Yourself Italian Conversation**.

1. Read the first reading aloud, so you can listen to yourself. Take notes of any new words or phrase that you do not understand very well. Once you finish your reading and jotting down the new words and phrases, take a few minutes to review them.
2. Read the reading once again aloud trying to understand the meaning of the new words and new phrases.
3. Now you can view the Vocabulary section underneath the reading. Locate the words or phrases that you do not fully understand. Learn them by heart.
4. Now, you are ready to listen the MP3 audio. Make sure you play the MP3 and listen to the pronunciation of the native speakers. Get the gist of the pronunciation and practice it. If possible, try to imitate the pronunciation for any possible word or phrase that you are not sure. Listen to the MP3 audio as

many times as possible.

5. Now, let us go back to the vocabulary and make sure you master these words before doing anything else.

6. Once you master the **Words and phrases** for this lesson, you can now move to the unit. For better results, I recommend you to review **Teach Yourself Italian** Volume One for all the grammar points.

7. Make sure to repeat these steps repeatedly until you master each unit. Do not go to the next section if you have not mastered previous one. You MUST be sure you master each lesson before moving on. Your success will depend on following these steps.

Fernando è uno studente spagnolo, di Málaga. Vive a Milano soltanto da 5 giorni, ed è in Italia perché ha vinto una borsa di studio con il progetto Erasmus. Studia Giurisprudenza per diventare un Magistrato, e rimarrà all'Università Statale per un periodo di 6 mesi per frequentare le lezioni e dare alcuni esami.

Oggi la temperatura è mite, e Fernando decide di fare una passeggiata nel parco prima di andare in facoltà per fare un colloquio con il suo insegnante di Diritto Internazionale. L'appuntamento con il professore è alle 12, e quindi Fernando esce alle 10 per fare la sua camminata. Il parco non è lontano da casa sua, e sono necessari pochi minuti per raggiungerlo. Quando il ragazzo arriva al parco, incontra Nicoletta, una ragazza che abita nel suo stesso palazzo, e scambiano quattro chiacchiere.

N: Come mai sei qui?

F: Faccio una passeggiata prima di andare all'Università. E tu, invece, perché sei qui?

N: Io lavoro qui vicino, in un centro commerciale. Ogni giorno, quando finisco di lavorare, faccio due passi in questo parco e mi rilasso. Oggi c'è il sole ed è ancora più piacevole.

F: Fai bene, questo parco è molto bello, ed è anche pieno di animali, è come uno zoo!

N: Sì, hai ragione! Ora ti saluto, vado a fare la spesa e poi torno a casa. Ci vediamo presto, buona giornata!

F: Grazie, buona giornata anche a te.

Teach Yourself Italian Conversation

Fernando raggiunge l'Università in perfetto orario. Prende l'ascensore, perché l'ufficio del professore si trova al settimo piano. Arriva davanti all'ufficio e si siede su una sedia, perché il professore è impegnato. Quando è il suo turno, Fernando apre la porta ed entra per iniziare il suo colloquio con il professor Benedetti.

P: Buongiorno, piacere di conoscerti! Tu devi essere Fernando Castro, lo studente dell'Università di Málaga.

F: Buongiorno professore, piacere di conoscerla! Sì, sono io.

P: Come stai? Ti trovi bene a Milano?

F: Sto bene, grazie. Sì, la città è bella.

P: Parli italiano?

F: Poco, ma sono qui anche perché voglio imparare la vostra lingua.

P: Bene. E che cosa pensi del tempo? Il clima ti piace?

F: Preferisco la temperatura di Málaga e amo l'estate. Nella mia città piove poco e c'è quasi sempre il sole. Ma oggi anche qui a Milano c'è una bella giornata e penso che non pioverà.

P: Sì, è vero. L'autunno a Milano è mite. Ora parliamo dei corsi, che iniziano la prossima settimana. Oggi è lunedì 21 settembre, e il mio corso di Diritto Internazionale comincia martedì 29 settembre e dura fino al 19 gennaio.

F: Grazie professore, scrivo subito le date sulla mia agenda.

P: Dopo la fine del corso, gli studenti possono fare gli esami nel mese di febbraio oppure nel mese di marzo.

F: In quali giorni della settimana si tengono le lezioni?

P: Due volte alla settimana, il martedì e il venerdì.

F: Devo comprare i libri per il corso. Dove trovo i titoli?

P: I libri del corso sono due. Scrivo i titoli in un documento al computer, lo stampo e te lo do subito.

F: Grazie professore, lei è molto gentile.

P: Ecco, tieni. Su questo foglio trovi i titoli dei libri e il prezzo. Puoi comprarli vicino all'Università, in questa zona ci sono tante librerie. Questi altri fogli invece sono i documenti che devi firmare per la borsa di studio Erasmus.

Squilla il telefono nella stanza del professore.

P: Pronto? Sì sono io. Va bene, ci vediamo più tardi. Sarò lì fra poco.

P: Scusami Fernando, ma ora devo andare. Ho un appuntamento con un collega al ristorante.

F: Va bene, professore. Grazie per tutte le informazioni, sono molto utili.

P: Prego, Fernando. Ci vediamo quando iniziano le lezioni, arrivederci!

F: Arrivederci professore!

Fernando esce dall'Università e decide di andare a comprare i libri per il corso. Arriva in una libreria vicina alla Facoltà, entra e chiede aiuto a un commesso:

F: Buongiorno!

C: Buongiorno, serve aiuto?

F: Sì sono qui per comprare 2 libri di diritto internazionale. I titoli sono su questo foglio.

C: Vado subito a prenderli. Un momento, per favore.

F: Grazie, aspetto qui.

C: Ecco, tieni i due libri. La cassa per pagare è in fondo a destra. Negli altri scaffali trovi anche penne, matite, gomme, quaderni, bloc-notes e altri articoli di cartoleria.

F: Grazie, molto gentile.

Fernando compra altre cose che gli servono e raggiunge la cassa.

C: Buongiorno, prego! Allora, due libri, due penne, due bloc-notes, una matita, una gomma e un evidenziatore. Il costo totale è di 80 euro.

Fernando prende la carta di credito e la usa per pagare.

C: Prima digita il codice PIN e poi premi il tasto verde.

Fernando segue le istruzioni della cassiera e paga il suo conto.

C: Grazie, arrivederci!

F: Prego, arrivederci!

Fernando esce dal negozio, vede il cielo buio e pensa che forse pioverà. Allora per evitare la pioggia va a prendere la metropolitana per tornare a casa.

Keywords and Phrases	
Uno studente spagnolo – A Spanish student	**E che cosa pensi del tempo?** - What do you think of the weather?
Soltanto da 5 giorni – Only since five days ago	**Il clima ti piace?** – do you like the weather?
Ha vinto una borsa di studio – won a scholarship	**Nella mia città piove poco** - in my city rains little.

Giurisprudenza per diventare un Magistrato – law to become a magistrate

Un periodo di 6 mesi – a period of six months

Frequentare le lezioni – assist the lessons

Dare alcuni esami – take some exams

Oggi la temperatura è mite – the weather is mild today

Fare una passeggiata – Go for a walk

Fare un colloquio – speak a little / chat

L'appuntamento con il professore – the meeting with the teacher

Il parco non è lontano da casa sua – the park is not far from his house.

Sono necessari pochi minuti per raggiungerlo – it only takes a few minutes to get there.

E scambiano quattro chiacchiere – and

C'è quasi sempre il sole – it is sunny usually.

In quali giorni della settimana si tengono le lezioni? – What days of the week are the lessons?

Due volte alla settimana – twice per week.

Dove trovo i titoli? – Where do I find the titles / subjects?

In questa zona ci sono tante librerie – In this zone there are many libraries.

Squilla il telefono nella stanza del professore – The phone rings at the teacher's classroom.

Sarò lì fra poco – I will be there shortly.

Entra e chiede aiuto a un commesso – gets in and asks for help to the clerk.

Buongiorno, serve aiuto? – Good morning, can you I help you?

exchange a few jokes.

Come mai sei qui? Why are you here?

Faccio due passi in questo parco e mi rilasso – I take two steps in this mark and I relax

Vado a fare la spesa e poi torno a casa – I will shop and then return home.

In perfetto orario – just on time.

Perché il professore è impegnato – Because the teacher is busy.

Voglio imparare la vostra lingua – I want to learn your language.

2 libri di diritto internazionale – two books on international rights.

La cassa per pagare è in fondo a destra – The cash desk to pay is at the end on your right.

Prima digita il codice PIN - First you enter the PIN code.

Poi premi il tasto verde – then you press the green button.

Fernando segue le istruzioni della cassiera – Fernando follows the instructions given by the cashier.

Vede il cielo buio - Sees the sky ark

Pensa che forse pioverà – thinks it will rain

Lucas e Aurora vanno a Parigi per una vacanza di una settimana. Atterrano all'Aeroporto di Orly alle ore 17:00, e vogliono raggiungere l'albergo in autobus. Dato che le loro valigie sono molto pesanti, chiedono aiuto a un facchino dell'aeroporto.

L: Buonasera signore, mi scusi, ho bisogno di aiuto.

F: Prego, sono a sua completa disposizione.

L: Può portare per favore i nostri bagagli vicino alla fermata dell'autobus per il centro?

F: Certo, subito.

L: Grazie mille.

Il facchino porta i bagagli della coppia accanto alle corsie degli autobus, e loro lo ringraziano con una bella mancia. Lucas e Aurora vedono un banco informazioni e si avvicinano.

A: Buonasera signora, mi scusi, ho bisogno di un'informazione. A che ora parte l'autobus per la stazione Gare Montparnasse?

I: Buonasera. Parte tra 20 minuti. Avete i biglietti?

A: No, non abbiamo i biglietti. Dove possiamo comprarli?

I: Proprio qui. Noi vendiamo biglietti per tutti gli autobus.

A: Ottimo. E quanto costa il biglietto di andata e ritorno?

I: 19 Euro a persona.

A: Perfetto, allora per favore mi dia due biglietti di andata e ritorno.

I: Eccoli. 38 Euro in totale.

A: Non ho soldi spicci, ha il resto di 50 Euro?

I: Sì, certo. Tenga.

A: Grazie, signora. Arrivederci!

I: Arrivederci e buon soggiorno a Parigi!

A: Grazie, molto gentile.

Aurora e Lucas lasciano l'aeroporto a bordo dell'autobus e arrivano alla stazione Gare Montparnasse dopo un breve tragitto. All'uscita della stazione c'è una piazzola dei taxi, ma il loro albergo è molto vicino e quindi possono raggiungerlo a piedi.

La coppia entra in albergo per fare le operazioni di check-in alla reception:

R: Buonasera e benvenuti nel nostro albergo!

L: Buonasera, grazie mille.

R: Avete a portata di mano i vostri passaporti?

L: Sì, certamente, eccoli.

R: Grazie. Abbiamo bisogno di qualche minuto di tempo per registrare i vostri dati.

L: Certo. Nel frattempo vorrei farvi alcune domande. Avete il ristorante in albergo?

R: Sì, ce l'abbiamo. Si trova al secondo piano ed è aperto a pranzo e cena. Al sesto piano invece c'è la sala colazioni, aperta ogni mattina dalle 07:00 alle 10:30.

L: Bene. E per caso avete una mappa della città?

R: Sì, ce l'abbiamo. Eccola. Vedete, noi ci troviamo qui, a breve distanza dalla stazione dove siete arrivati con l'autobus. Nelle vicinanze ci sono stazioni della metropolitana, ristoranti e giardini.

L: Grazie mille, questa mappa è molto utile per noi.

R: Ecco i vostri passaporti. Avete altre domande? Siamo a vostra completa disposizione.

L: No grazie, per adesso andiamo in camera a riposare. Arrivederci!

R: Arrivederci!

La mattina dopo Aurora e Lucas fanno colazione nella sala al sesto piano, e poi escono per visitare la città. Prima si fermano alla reception per chiedere un'informazione.

A: Buongiorno, ho bisogno di un'altra informazione.

R: Buongiorno signora, mi dica.

A: Non ho lo shampoo e vorrei comprarlo. Dov'è il supermercato più vicino? Quanto dista?

R: Ha controllato in camera, signora? Nel bagno ci sono dei cassetti e dentro ci sono saponi, flaconi di shampoo, creme e lozioni per il corpo.

A: Oh, che sbadata! Non ho visto. Grazie per l'informazione e arrivederci!

R: Prego, è un piacere. Buona giornata!

Aurora e Lucas vanno a prendere la metropolitana per raggiungere la Tour Eiffel. Dopo qualche minuto di attesa arriva il primo treno, che è molto affollato. Lei ha una borsa molto grande, mentre lui ha il passaporto e il portafoglio in tasca. Tantissima gente scende alla fermata della torre, e quindi all'interno della stazione c'è una gran folla. La coppia si avvia verso l'uscita, e all'improvviso Lucas si accorge di non avere più il portafoglio in tasca.

Teach Yourself Italian Conversation

L: Accidenti, Aurora! Mi hanno rubato il portafoglio!

A: Oh, no! Andiamo subito a parlare con i vigilanti della stazione.

V: Buongiorno, come posso aiutarvi?

L: Buongiorno. Mi hanno rubato il portafoglio, poco fa sul treno.

V: Mi dispiace signore.

L: Dov'è il commissariato di polizia più vicino? Devo denunciare il furto.

V: Certo. Uscendo dalla stazione, ce n'è uno molto vicino. Lungo la strada ci sono le indicazioni per raggiungerlo. Buona fortuna!

L: Grazie mille.

Lucas e Aurora raggiungono il commissariato, che si trova proprio vicino alla Tour Eiffel. Li accoglie un agente e li fa accomodare nella stanza per le denunce.

A: Buongiorno, ditemi.

L: Buongiorno agente. Sono straniero, sono spagnolo. Circa un'ora fa mi hanno rubato il portafoglio alla stazione Champ de Mars - Tour Eiffel, mentre ero sul treno.

A: Capisco. Le hanno rubato solo il portafoglio o anche altri oggetti?

L: No, soltanto il portafoglio.

A: Può dirmi se ci sono dentro documenti, carte di credito, altre tessere o soldi in contanti?

L: Ci sono dentro 100 Euro e 2 carte di credito.

A: Quindi ha ancora il passaporto? Mi serve per compilare la denuncia.

L: Sì, ce l'ho. Tenga.

A: Ha anche il cellulare? Se sì, per favore scriva qui il suo numero e la descrizione del portafoglio, la dimensione e il colore.

L: Sì, va bene. Ha una penna, per favore?

A: Sì, tenga.

L: Grazie. Eccole il numero.

A: Bene, adesso iniziamo le indagini e se troveremo il suo portafoglio la chiameremo al cellulare.

L: Grazie, ho speranze di riaverlo?

A: Spero di sì! Arrivederci!

L: Grazie, agente. Arrivederci!

Lucas e Aurora escono molto nervosi dal commissariato.

L: Che guaio. Non ho pazienza di aspettare la loro telefonata!

A: Tranquillo Lucas, magari trovano presto il tuo portafoglio.

L: Ma sì, dai. Ora ho voglia di relax e di non pensare al furto. Andiamo alla Tour Eiffel, come avevamo pensato!

A: D'accordo! Andiamo!

☁ Keywords and Phrases	
Alle ore 17:00 – at 5 pm	**Quanto dista?** – How long does it take or how far is it?
Sono a sua completa disposizione - I am totally at your disposal	**Ha controllato in camera, signora?** – Have you checked in the room, Mrs.?
Può portare per favore – can you please take...	**Oh, che sbadata!** – Careless of me.
Con una bella mancia – with a nice tip	**Che è molto affollato** – It is very crowdy.
Un banco informazioni – an	

information desk

Parte tra 20 minuti – it leaves in 20 minutes

Andata e ritorno – round trip

Non ho soldi spicci – I don't have change

Ha il resto di 50 Euro – do you have change for 50 Euros.

Buon soggiorno a Parigi – enjoy your stay at Paris

Dopo un breve tragitto - shortly

All'uscita della stazione - at the exit of the staion

C'è una piazzola dei taxi – there's a taxi stand

Avete a portata di mano i vostri passaporti – do you have your passports handy?

Nel frattempo - meanwhile

Sì, ce l'abbiamo – yes, we have them.

Nelle vicinanze – nearby

C'è una gran folla – There is a big crowd

La coppia si avvia verso l'uscita – The couple heads to the exit.

E all'improvviso - And suddenly

Accidenti, Aurora! - An accident Aurora.

Dov'è il commissariato di polizia più vicino? – Where is the closest police station?

Devo denunciare il furto. – Where I can report a theft

Ce n'è uno molto vicino – There is one nearby

Mentre ero sul treno. – While I was in the train

Altre tessere o soldi in contanti? – Some cards and cash

Mi serve per compilare la denuncia. – I need to fill out the report

Grazie, ho speranze di riaverlo? – Thanks, I hope to retrieve it.

Spero di sì! Arrivederci! – I hope so, bye.

Che guaio. – What a disaster

Carlos è argentino e sta andando in Italia per un viaggio di piacere. Prende un aereo da Buenos Aires, e dopo un volo di circa 13 ore atterra all'aeroporto di Roma-Fiumicino. Ritira la sua valigia dal nastro, e mentre va verso l'uscita un agente della dogana gli si avvicina.

A: Buongiorno, ha qualcosa da dichiarare?

C: Buongiorno, no, non ho nulla da dichiarare.

A: È qui per turismo o per affari?

C: Sono qui per turismo.

A: Apra la valigia per favore.

C: Certo. Contiene solo i miei effetti personali.

A: Sì, perfetto. Quanto denaro ha nel portafoglio?

C: Ho delle carte di credito e 850 pesos. Appena arrivo in città prendo i soldi al Bancomat.

A: Va bene. Per favore riempia questo modulo, e poi può andare.

C: Ok, grazie mille agente.

Carlos compila il modulo, saluta l'agente e va a prendere un taxi per raggiungere il centro. Ha un appuntamento con un suo vecchio amico in un ristorante. Si mette in fila e aspetta il suo turno.

T: Buongiorno ragazzo, vieni, il mio taxi è libero.

C: Grazie, ecco la mia valigia.

T: Ok.

Teach Yourself Italian Conversation

C: Devo andare a Roma, in un ristorante in Piazza Mignanelli.

T: Ah sì, in centro, giusto?

C: Sì, esatto. Vicino a Piazza di Spagna.

T: Bene, a quest'ora di solito la strada non è trafficata e si arriva velocemente. Cosa fai nella vita?

C: Studio medicina a Buenos Aires, e faccio un tirocinio come Infermiere in un ospedale.

T: Che bravo! Parli bene l'italiano! Come mai?

C: Grazie, sì, frequento una scuola di lingua italiana da due anni. Amo viaggiare e vengo spesso a Roma. Sogno di abitare in Italia un giorno.

T: Eh sì, l'Italia è un paese meraviglioso. Quindi conosci anche altre città italiane?

C: Sì, conosco Bologna, Torino e Trieste.

T: Città bellissime, vero?

C: Sì sì.

T: Guarda, adesso prendiamo questa strada e passiamo davanti al Colosseo.

C: Ho una curiosità. Quanto costano le case in centro?

T: Costano parecchio. I proprietari e gli inquilini pagano degli affitti e dei mutui molto alti.

C: Certo, capisco.

T: Guarda, stiamo arrivando. Giro qui a destra, così accorciamo il tragitto.

Passano pochi minuti e il taxi sta raggiungendo la destinazione. Carlos fa una richiesta al tassista.

C: Scusi, prima di arrivare a destinazione, mi può lasciare davanti all'agenzia di cambio valuta più vicina? Così cambio i pesos con gli euro, e poi andiamo al ristorante.

T: Certo, ce n'è una proprio qui accanto.

Carlos scende dalla macchina e in pochissimi minuti cambia i suoi pesos con la cifra corrispondente in euro. Poi risale sul taxi e raggiunge il ristorante, dove lo sta aspettando il suo ex professore di Buenos Aires Juan Aguirre, che ora abita a Roma. Carlos è molto felice di vederlo, e lo saluta affettuosamente.

C: Buongiorno professore! Come va? Mi sta aspettando da molto tempo?

J: No, non ti preoccupare. Vivo qui vicino, sono appena arrivato.

C: Bene, entriamo e sediamoci!

J: Con piacere. Tu mangi il pesce? Qui è molto buono!

C: Sì, sì, io sono goloso e mangio tutto.

J: Perfetto!

C: Allora, professor Aguirre, come sta? Si sta divertendo ora che è in pensione?

J: Moltissimo, da quando sono in pensione faccio tante cose. Ogni mattina io e mia moglie prendiamo l'autobus per andare a Villa Borghese. Qui corriamo per mezz'ora, poi ci riposiamo e ci sediamo su delle panchine che ci sono nel parco. Subito dopo andiamo al bar, beviamo un caffè e leggiamo il giornale. Torniamo sempre a casa prima di pranzo e infatti ora ho tanta fame!

C: Che bello! Chiamiamo il cameriere così ordiniamo.

J: Che ne pensi? Ordiniamo anche degli antipasti?

C: Sono d'accordo! Da bere chiediamo delle birre? Amo le birre italiane.

J: Perfetto. Cameriere per favore, venga qui.

CA: Buongiorno signori, ditemi.

J: Buongiorno, vorremmo mangiare degli antipasti tipici del vostro ristorante.

CA: Perfetto, scelgo io per voi. Poi? Volete della pasta o un secondo?

J: Io prendo un piatto di pasta alla carbonara.

C: Io invece prendo un piatto di saltimbocca alla romana.

CA: Va bene, porto subito le birre e gli antipasti.

J: Grazie. Allora, Carlos, quanto ti fermi a Roma? Dove alloggi?

C: Abito a casa di un mio amico italiano e mi fermo per 2 settimane. Dopo il nostro pranzo lo raggiungo! Sono atterrato stamattina e infatti ho qui con me la valigia.

J: Eh sì, vedo che è molto piena!

C: Sì, ci sono dentro i vestiti ma anche dei libri.

J: Immaginavo, so che ami leggere. E spesso resti a casa la sera con un libro, invece di uscire con gli amici.

C: Ha ragione, professore! Mi conosce bene.

J: Stai leggendo qualcosa di interessante in questo periodo?

C: Sì, sto leggendo un romanzo in italiano di una bravissima scrittrice.

J: Ah! In italiano? E stai capendo bene tutta la storia?

C: Sì, sto imparando delle parole nuove, e quando non conosco una parola, la cerco sul dizionario.

J: Bravissimo!

CA: Ecco qui i vostri antipasti!

J: Grazie! Buon appetito Carlos!

C: Buon appetito a lei, professore!

Sta andando – He is going

Ritira la sua valigia dal nastro – Take his luggage from the trunk.

Un agente della dogana gli si avvicina – A customs agent approaches

Buongiorno, ha qualcosa da dichiarare? – Good morning, something to declare?

Buongiorno, no, non ho nulla da dichiarare. – Good morning, no, I have nothing to declare.

Si mette in fila e aspetta il suo turno. – He gets on the line and waits for his turn.

Cosa fai nella vita? – What do you do for living?

Un tirocinio come Infermiere in un ospedale – An internship as a nurse in a hospital.

Che bravo! Parli bene l'italiano! Come mai? – Excellent! You speak well Italian, how is that possible?

Costano parecchio. – The cost the same.

E dei mutui molto alti. – And

Così accorciamo il tragitto. – That way we shorten the journey.

All'agenzia di cambio valuta più vicina? – At the closest exchange office?

Così cambio i pesos con gli euro – So I can change pesos into Euros.

Bene, entriamo e sediamoci! – Good, let us get in and sit down.

Sì, sì, io sono goloso e mangio tutto. – Yes, I am gluttonous and I eat a lot.

Antipasti tipici del vostro ristorante – Typical food from your restuarant.

Scelgo io per voi. Poi? - Then, should I order for you?

Dove alloggi? – Where are you staying?

Immaginavo, so che ami leggere – I guess, you love to read.

Di una bravissima scrittrice. – From a very an incredible writer.

Buon appetito – Enjoy your meal.

the mortgage is very high	

Angelo è in casa da solo e sta pensando che la settimana prossima suo fratello Giacomo fa il compleanno. Vuole organizzargli una festa e allora decide di mettersi d'accordo con sua cognata Carmen. Approfittando di essere da solo in casa, le telefona.

A: Ciao Carmen! Come stai? Cosa stai facendo di bello? Puoi parlare o c'è Giacomo in casa?

C: Ciao Angelo! Sto bene, grazie. Tu? Sì sono sola in casa, in questo momento sto guardando la TV e Giacomo è ancora in ufficio. Come mai me lo stai chiedendo?

A: Perché la settimana prossima è il compleanno di mio fratello e io voglio preparare una festa a sorpresa per lui!

C: Che bello! Sono d'accordo! Chi pensi di invitare?

A: Sicuramente i suoi colleghi, i suoi amici più cari e magari anche dei suoi vecchi compagni di classe.

C: Quindi se facciamo il conto siamo circa 25, giusto?

A: Sì. Che ne dici se per organizzare ci vediamo domani pomeriggio al bar vicino a casa vostra quando usciamo dal lavoro?

C: Perfetto, stai scegliendo il momento opportuno! Angelo domani deve andare in campagna a pulire il garage e torna a casa tardi. Non si accorgerà di niente!

A: Ok Carmen, a domani allora, buona serata!

C: Grazie, buona serata a te!

L'indomani alle 18 circa Angelo e Carmen si incontrano al bar. Lui arriva per primo.

Teach Yourself Italian Conversation

C: Ciao Angelo, mi stai aspettando da molto?

A: No, sono appena arrivato. Ordiniamo qualcosa?

C: Sì grazie, per me un caffè.

A: Bene, anche per me. Cameriere, due caffè al tavolo per favore!

C: Allora, dimmi tutto. Chi invitiamo? Dove organizziamo?

A: Sì, per prima cosa facciamo il conto degli invitati. I colleghi dell'ufficio sono 4, i vostri amici più cari se non sbaglio sono 8, e i vecchi compagni di classe sono 10.

C: Ok, quindi 22. E poi? Chi manca?

A: Della famiglia invitiamo i nostri genitori e le nostre sorelle con i loro mariti.

C: La tua fidanzata non viene?

A: No, la mia fidanzata è in Germania per un viaggio d'affari.

C: Ah, peccato!

A: Eh sì. Quindi in totale siamo 28, giusto?

C: Sì, sì. Siamo parecchie persone, dove festeggiamo?

A: La vostra casa in campagna è molto grande! Andiamo lì?

C: Sì, perfetto! Invento una scusa e quel giorno dico a Giacomo di andare in campagna a festeggiare.

A: Ottimo, così noi invitati andiamo prima e ci vediamo direttamente da voi all'orario che decidiamo. Che bello!

C: Sì, sono molto contenta. Ci mettiamo d'accordo anche per la spesa. Compriamo panini, bibite, patatine e pizze, e ordiniamo una torta nella pasticceria che c'è vicino a casa dei vostri genitori. A Giacomo piacciono tanto i loro dolci!

A: Ok!

C: Ora ti saluto, Angelo, devo scappare! Altrimenti Giacomo torna a casa e non mi trova.

A: Certo Carmen. Ci sentiamo presto per concordare tutti i dettagli. Ciao!

C: Ciao!

Durante i giorni che precedono il compleanno di Giacomo, Carmen e Angelo invitano gli amici, comprano cibi e bevande, ordinano la torta e programmano tutto con attenzione.

Arriva il giorno del compleanno. Angelo e gli invitati devono raggiungere la casa in campagna alle 18:00, mentre l'appuntamento con suo fratello e sua cognata è fissato per le 20:00.

Angelo parte in anticipo per evitare il traffico e arriva puntuale alla casa in campagna. Subito dopo arrivano i suoi genitori e le sue sorelle con i loro mariti.

M: Ciao Angelo, come stai?

A: Ciao mamma, tutto bene grazie. E voi? Come è andato il viaggio?

M: Benissimo, non c'era traffico. Ho una domanda. Dove sono i vicini di tuo fratello? La casa è vuota?

A: I vicini di mio fratello sono partiti per un viaggio e quindi non sono in casa. Possiamo festeggiare tranquillamente, non disturbiamo nessuno.

M: Perfetto. Ma come facciamo a entrare? Dove sono le chiavi di casa?

A: Le chiavi di casa sono sotto un vaso in cortile. Carmen mi ha dato tutte le istruzioni.

M: Bene allora andiamo, entriamo e prepariamo la festa!

Angelo riceve una chiamata sul cellulare da sua cognata Carmen.

C: Ciao Angelo, tutto bene?

A: Sì, siamo tutti qui nella vostra casa in campagna. La festa è pronta, mancate soltanto voi!

C: Perfetto. Giacomo sta scrivendo una email, poi ci mettiamo in macchina e vi raggiungiamo. Quando siamo lì, ti faccio uno squillo.

A: Bene, ci vediamo fra poco.

La casa di Giacomo e Carmen dista quasi 40 km dalla loro casa di campagna, e quindi Angelo e gli invitati hanno il tempo di prepararsi ad accogliere il festeggiato.

Dopo circa 30 minuti Angelo riceve sul cellulare lo squillo di sua cognata. Le luci della casa vengono spente e tutti si nascondono.

Giacomo mette le chiavi nella toppa, apre la porta, accende la luce e rimane a bocca aperta, quando i suoi familiari e i suoi amici gli vanno incontro urlando: SORPRESA!!!!

G: Ma voi che ci fate qui? Di sicuro mio fratello è il responsabile di questa bella sorpresa! Vero, Angelo?

A: Eh sì fratellone, ma anche tua moglie sa tutto!

G: Davvero Carmen? E io non mi sono accorto di niente. Grazie a tutti, amici e parenti!

C: Buon compleanno e buon divertimento a tutti!

Keywords and Phrases

Fa il compleanno – Is on Birthday

Cosa stai facendo di bello? – What are you doing?

Come mai me lo stai chiedendo? – How come you are asking me this?

Una festa a sorpresa per lui! – A surprise party for him.

Non si accorgerà di niente! – He will not realize of anything.

L'indomani – Next day

Chi manca? – Who is missing?

Ah, peccato! – Oh gosh!

Dove festeggiamo? – Where do we party?

Invento una scusa – I will come up with an excuse.

Ci mettiamo d'accordo anche per la spesa – We need to agree on the expenses as well.

Ora ti saluto, Angelo, devo scappare! – I will talk to you in a few, I have to go.

Ci sentiamo presto per concordare tutti i dettagli – We will speak soon to agree on the details.

Comprano cibi e bevande – We buy food and drink.

Benissimo, non c'era traffico – Well, there was no traffic.

Giacomo sta scrivendo una email – Giacomo is writing an email.

Quando siamo lì, ti faccio uno squillo – When we are there, I will call you.

Buon compleanno e buon divertimento a tutti! – Happy birthday and enjoy it everyone.

Michele è in viaggio per affari e ha bisogno di noleggiare un'auto per essere presente al suo appuntamento di lavoro. Va in un'agenzia di autonoleggio e chiede informazioni all'impiegato:

M: Buongiorno, mi scusi, vorrei affittare un'auto.

I: Buongiorno, prego. Ha delle preferenze?

M: Sì, vorrei un'auto piccola e comoda da parcheggiare.

I: Perfetto, abbiamo tanti modelli. Venga con me.

Michele sceglie la macchina e va alla cassa a pagare. Una volta salito in auto, scrive l'indirizzo sul navigatore e va verso il Centro Congressi. Lungo la strada si ferma a fare benzina.

M: Buongiorno, il pieno grazie. Normale, per favore.

B: Buongiorno, sì subito.

M: Mi scusi, vorrei anche farle una domanda. Devo andare al Centro Congressi. Sono sulla strada giusta? Quanto tempo occorre per arrivarci?

B: Sì è sulla strada giusta. Per arrivare al centro congressi occorrono meno di venti minuti da qui.

M: Grazie mille, lei è stato gentilissimo. Quant'è?

B: Prego, di niente. Sono 60 euro, per favore.

M: Ecco a lei, arrivederci!

B: Arrivederci!

Michele riparte, ma dopo pochi minuti la macchina si ferma. Decide di chiamare subito l'agenzia di autonoleggio.

M: Pronto, sono Michele Casati. Ho appena noleggiato da voi un'auto e purtroppo si è rotta in mezzo alla strada. Per favore venitemi a prendere.

A: Mi dispiace molto signor Casati, certo le mando subito il nostro meccanico.

M: Grazie. La macchina si è fermata in Via Garibaldi, davanti al numero civico 5.

A: Arriviamo!

Il meccanico dell'autonoleggio raggiunge Michele e lo riaccompagna con il carroattrezzi in agenzia, da dove lui telefona al suo cliente per annullare l'appuntamento di lavoro, e poi chiama un taxi per andare alla stazione ferroviaria. Lungo il tragitto chiede quanto costa la corsa, e il prezzo gli sembra un po' troppo caro. A un certo punto chiede al tassista:

M: Mi scusi, mi fa scendere all'angolo tra la stazione e la piazza?

T: Certamente.

Michele scende dal taxi e fa una breve passeggiata prima di arrivare alla stazione. Beve un caffè, compra il suo biglietto e raggiunge il binario, dove incontra Enrico, un suo conoscente che vive nel suo stesso paese.

M: Ciao Enrico! Come stai?

E: Ciao Michele, bene grazie! Tu?

M: Tutto bene. Come mai sei qui?

E: Sono venuto qui stamattina, ho avuto un impegno di lavoro e ora torno a casa. Tu?

M: Anche io sono venuto per un impegno di lavoro, ma ho avuto un grosso contrattempo.

E: Ah, sì? Che cosa ti è successo?

M: Sono arrivato qui stamattina con il treno, e poi sono andato in un'agenzia per noleggiare una macchina. Ho scelto il modello e sono partito verso il Centro Congressi. Ma la macchina si è rotta dopo pochi minuti! Allora ho chiamato l'autonoleggio e hanno mandato un meccanico, che è venuto a prendermi e mi ha riaccompagnato all'agenzia con il carroattrezzi. Da lì ho chiamato un taxi per venire alla stazione, perché era tardi per raggiungere il Centro Congressi. Infatti ho anche telefonato al mio cliente per cancellare il nostro appuntamento.

E: Povero Michele, mi dispiace tantissimo! Quindi verrai qui un'altra volta per il tuo appuntamento di lavoro?

M: Sì, ho preso un altro appuntamento e tornerò qui la prossima settimana. Che stress, mi è anche venuto il mal di testa!

E: E ci credo!

M: Tu, invece, cosa hai fatto? Come è andato il tuo appuntamento?

E: Fortunatamente a me è andato tutto molto bene. Ho incontrato un nuovo fornitore per il mio ristorante.

M: Mi fa piacere. So che hai aperto il ristorante due mesi fa, come sono andati gli affari?

E: Molto bene, fortunatamente. Da subito ho avuto tanti clienti e non ho avuto problemi.

M: E questo nuovo fornitore che cosa ti ha detto?

E: Abbiamo fatto un contratto per una fornitura di pane senza glutine.

M: Senza glutine?

E: Sì, ho avuto tanti clienti con problemi di allergie alimentari, e quindi ho deciso di comprare un tipo di pane che potranno mangiare tutti.

M: Hai fatto benissimo! Anche mia sorella, che è allergica, ha avuto problemi in diversi ristoranti.

E: Sì, immagino. Ora che ho fatto questo accordo con il fornitore sono molto contento, perché i clienti allergici non avranno più problemi.

M: Certo. Incontrerai il fornitore altre volte, oppure avete già concluso?

E: Abbiamo firmato il contratto, ma lui verrà a trovarmi al ristorante almeno una volta alla settimana e controllerà la fornitura. Ogni giorno di mattina e di pomeriggio il furgone del panificio mi consegnerà i panini, così li servirò sempre freschi ai clienti.

M: Hai fatto davvero un bel contratto, complimenti Enrico!

E: Grazie Michele!

M: Guarda, finalmente è arrivato il treno.

E: Ottimo! Ho proprio voglia di tornare a casa.

M: Bene. Saliamo, mettiamoci comodi e continuiamo la nostra bella chiacchierata fino a casa!

💭 Keywords and Phrases	
Noleggiare un'auto – Rent a car	**lo riaccompagna con il carroattrezzi in agenzia** – I will tow you with the tow truck to the agency.
Va in un'agenzia di autonoleggio - Go to a rent car.	
Sì, vorrei un'auto piccola e comoda da parcheggiare – Yes, I would like a small and comfortable one to park.	**Ma ho avuto un grosso contrattempo** – I had a big setback.
	Ah, sì? Che cosa ti è successo? – Oh, yeah! What happened to you?
Scrive l'indirizzo sul navigatore – Enter the	**Che stress, mi è anche venuto**

address at the navigation screen.

Si ferma a fare benzina – Stop to fill the tank.

Il pieno grazie. – Full tank, thanks.

Quant'è? – How much is it?

E purtroppo si è rotta in mezzo alla strada. – And if it breaks down in the middle of the street.

il mal di testa! – What a stress, I even had a headache.

Un nuovo fornitore – A new supplier.

Una fornitura di pane senza glutine – A supplier of bread without gluten.

Allergie alimentari – Food allergy.

Complimenti Enrico! – Congratulations Enrico.

Da circa una settimana Giulio è tornato a casa in Italia dopo un lungo soggiorno in Spagna, durante il quale ha lavorato come insegnante di italiano in una scuola di lingue. Una sera, mentre è nella sua stanza, scrive una email alla sua coinquilina Pilar:

"Ciao Pilar, come stai?

Sono tornato da pochi giorni in Italia, ma sento già la nostalgia di Barcellona e della nostra casa. Non dimenticherò mai tutto quello che abbiamo fatto insieme, le nostre passeggiate sul mare, le serate che abbiamo trascorso con gli amici, i posti che abbiamo visitato e le bellissime persone che mi hai presentato. Mi ricorderò di noi anche quando mangerò la paella, che mi hai insegnato a cucinare!

Appena potrò, ritornerò! Non vedo l'ora! Nei prossimi giorni parlerò con il direttore della scuola dove insegno, e gli chiederò se ci sono delle opportunità per lavorare di nuovo a Barcellona. Ti scriverò presto e ti racconterò cosa mi dirà.

Baci,
Giulio"

La mattina dopo Giulio scarica la posta e trova la risposta di Pilar:

"Ciao caro Giulio, come stai?

Che piacere ricevere la tua email! Io sto bene, ma anche io ho nostalgia di te e delle nostre giornate insieme. Mi ricordo di te in ogni momento, soprattutto quando vedo i regali che mi hai lasciato in casa.

Ieri sono venuti a trovarmi alcuni amici e mi hanno detto di salutarti, sperano che tornerai presto a trovarci.

Domani io e Rosa andremo a bere una birra al bar di Felipe. Sono sicura che quando ci vedrà, ci dirà che sente nostalgia del suo simpatico amico italiano Giulio, siete diventati grandi amici.

Allora aspetto tue notizie, spero proprio che ci vedremo presto!

Baci,

Pilar"

Passano alcuni giorni e Giulio telefona al direttore della scuola.

G: Buongiorno direttore!

D: Buongiorno Giulio!

G: La chiamo per chiederle le informazioni di cui le ho parlato tramite email. Ci sono novità?

D: Sì, ho scritto ai miei colleghi della scuola di lingue di Barcellona dove hai lavorato. Mi hanno detto che mi faranno sapere qualcosa al più presto. Ma sono certo che al massimo domani a mezzogiorno mi avranno già inviato la loro risposta. Sono sempre molto veloci con le loro comunicazioni.

G: Grazie direttore! La richiamo io?

D: No, Giulio, non c'è bisogno. Appena riceverò notizie ti telefonerò. A presto!

G: Grazie ancora direttore, a presto!

Il pomeriggio del giorno seguente Giulio riceve la telefonata dal direttore:

D: Buon pomeriggio Giulio, ho buone notizie! Mi hanno risposto da Barcellona e mi hanno detto che hanno un posto libero come assistente di lingua italiana per te!

G: Buon pomeriggio direttore! Che bella notizia che mi ha dato! Sono molto contento.

D: Anche io sono molto contento per te. Ora farai tutto ciò che è necessario per prepararti e poi partirai il mese prossimo.

G: Va benissimo, quando potrò venire da lei per parlare di tutti i dettagli?

D: Ti aspetto domani alle 10 nel mio ufficio.

G: Sarò puntuale direttore, a domani e grazie!

D: A domani!

Il giorno dopo Giulio va all'appuntamento con il professore e definiscono insieme tutti i dettagli per la sua partenza. La stessa sera scrive a Pilar per informarla delle novità:

"Ciao Pilar, come stai?

Ho buone notizie! Tornerò a Barcellona fra meno di tre settimane! La scuola di lingue mi ha assegnato un secondo incarico; inizierò a lavorare il primo lunedì del prossimo mese e rimarrò per tutto l'anno scolastico. Partirò fra tre settimane, quindi ci vedremo presto!

Quando sarò lì, per le prime due settimane alloggerò in una pensione e nel frattempo cercherò una nuova casa, dato che tu forse avrai un altro coinquilino. Sicuramente andrò al Camp Nou a vedere una partita del Barcellona, che giocherà contro l'Atletico Madrid in quel periodo. Ci saranno tanti tifosi e quindi comprerò il biglietto in anticipo, anche se lo stadio ha una capienza di quasi centomila spettatori.

Appena prenoterò il volo ti scriverò subito una email, così ti dirò la data del mio arrivo.

A prestissimo amica mia!"

Anche stavolta Pilar risponde subito alla email di Giulio:
"Ciao amico mio, che bella notizia! Sarai di sicuro contento ed emozionato. Non vedo l'ora di rivederti!
Quando arriverai non dovrai cercare una nuova casa, non ho ancora trovato un nuovo coinquilino, e quindi la tua stanza sarà qui ad aspettarti! Vivremo di nuovo insieme e ci divertiremo tantissimo come sempre.
A presto!
Baci, Pilar"

Giulio legge la risposta della sua amica con grande gioia ed è molto contento di non dover cercare una nuova casa quando si trasferirà a Barcellona. Inizia subito a navigare sui siti delle compagnie aeree per trovare un volo economico e comodo.
Dopo avere prenotato, pensa a quando se ne sarà andato dall'Italia e a che cosa farà. Indubbiamente questa seconda esperienza cambierà la sua vita e magari alla fine deciderà di vivere per sempre in Spagna.

Keywords and Phrases	
Scrive una email alla sua coinquilina Pilar – Writes an email to her roommate Pilar.	**Ho buone notizie!** – I have good news.
Mi ricorderò di noi anche quando mangerò la paella – I will remember us too when eating paella.	**Ora farai tutto ciò che è necessario** – Now, you will do what it takes.
Appena potrò, ritornerò! Non	**Per informarla delle novità** – To tell her about the news.
	Mi ha assegnato un secondo

vedo l'ora! - As soon as I can, I will return. I cannot wait.

Ti scriverò presto e ti racconterò cosa mi dirà. – I will write to you soon and will tell you what he will tell me.

Baci - Kisses

Giulio scarica la posta – Giulio carries the post.

Mi ricordo di te in ogni momento – I remember you every moment.

Le ho parlato tramite email – I told her the truth.

Ci sono novità? – Is there any update?

Al più presto. – As soon as possible.

incarico – He has given me a second assignment.

Per tutto l'anno scolastico – For the entire school year.

Alloggerò in una pensione – I'll stay at an inn

Ci saranno tanti tifosi – There will be many fans.

Anche se lo stadio ha una capienza di quasi centomila spettatori. – The stadium has a capacity of hundred thousand audience.

Con grande gioia – With great joy

Indubbiamente questa seconda esperienza cambierà la sua vita- No doubt this second experience will change her life.

Unit Seven

Emilia si occupa di cinema e gestisce una sala nel centro della città. Lavora tutti i giorni dalle 16 fino a quando finisce la terza proiezione.

Ogni mattina si alza alle 9, fa una buona colazione e poi va al parco a farsi una corsa. Appena torna a casa, si fa la doccia, si prepara il pranzo e dopo si mette in macchina per andare a lavorare. La prima proiezione inizia sempre alle 16:30, ma Emilia arriva prima perché deve controllare anche il bar e la vendita dei biglietti. Attorno alle 16 si siede sul suo sgabello in biglietteria e aspetta l'arrivo degli spettatori. La sua giornata lavorativa dura circa 9 ore, ma lei non rimane seduta per tutto il tempo; si sposta spesso dalla biglietteria al bar e ogni tanto esce dal cinema per una sigaretta, perché all'interno della sala non si può fumare.

Oggi la giornata è stata molto faticosa, ed Emilia si è stancata molto. Allora decide di prendersi un giorno libero e di telefonare al suo collega per farsi sostituire l'indomani. Prima di tornare a casa chiama anche la sua amica Fatima:

E: Ciao Fatima, ti ho svegliata?

F: No, tranquilla. Mi sono appena seduta a guardare un film, stasera non ho sonno.

E: Ah, capisco. Mi sono presa un giorno libero domani. Ti va di uscire insieme? Mi piacerebbe andare a vedere la mostra su Van Gogh. È stata allestita in un museo della città.

F: Sì, che bella idea, non ci vediamo da tanto tempo. Non me ne intendo molto dei suoi quadri, ma vengo volentieri. Che orario fa il museo?

E: Non ne ho idea. Domattina appena mi alzo, telefono al museo per chiedere informazioni e prenotare i biglietti, e poi ti chiamo per metterci d'accordo.

F: Va benissimo, Emilia. Tanto anche io domani sono libera e non mi devo preoccupare di orari o impegni di lavoro. Buonanotte!

E: Buonanotte a te, Fatima! A domani.

Emilia arriva a casa e si mette subito a letto. Si rilassa leggendo un libro e poi si addormenta tranquilla, pensando al suo giorno libero.

L'indomani mattina Emilia si alza, si prepara la colazione e telefona subito al museo.

E: Pronto, buongiorno. Vorrei informazioni sugli orari della mostra di Van Gogh e prenotare i biglietti.

I: Buongiorno signora. La mostra è aperta tutti i giorni dalle 09:00 alle 13:00 e dalle 16:00 alle 20:00, e durerà fino alla fine del mese di aprile.

E: Grazie, gentilissimo. Potrebbe dirmi la tariffa della visita guidata, per favore? Io e la mia amica conosciamo l'arte di Van Gogh, ma vorremmo l'assistenza di un esperto per ammirarne meglio i dipinti.

I: Ogni ora inizia una visita guidata, ma non si paga. Se vorrete potrete acquistare anche un catalogo sulla mostra per saperne di più sulle opere del pittore olandese.

E: Perfetto. Allora mi può prenotare 2 biglietti per oggi pomeriggio alle 17, per favore?

I: Certo, faccio subito. Vi aspettiamo!

E: Grazie, arrivederci a più tardi.

Emilia chiama al cellulare la sua amica Fatima per prendere appuntamento per il pomeriggio.

E: Ciao Fatima, come stai? Ti disturbo?

F: No, assolutamente. Sto leggendo il giornale. Cosa ti ha detto l'impiegato del museo?

E: Mi ha detto che di pomeriggio la mostra è aperta a partire dalle 16:00, e ho prenotato i biglietti per le 17:00. La visita guidata non si deve pagare, e quindi addirittura gratis potremo saperne di più su Van Gogh e sulla sua arte!

F: Benissimo! Sono davvero contenta di incontrarti e di vedere questa mostra. Allora ci vediamo per le 16:30? I biglietti si devono ritirare prima, giusto?

E: Sì, infatti. Ok per le 16:30! A più tardi.

Emilia si siede un po' davanti al computer per scaricarsi la posta elettronica, e poi si cucina un buon piatto di pasta al sugo. Dopo si beve un caffè e si mette a riposare sul divano. Si distrae guardando la televisione e non si accorge che si è fatto tardi. Allora deve prepararsi di fretta per non arrivare in ritardo.

Si veste e si trucca velocemente, esce per andare in macchina ma appena arriva davanti all'auto si rende conto di non avere le chiavi. Ritorna a casa a prenderle, e nel frattempo le telefona sua madre:

M: Ciao Emilia, come stai? Noi stiamo bene e siamo molto contenti. Volevo dirti che papà ha risolto quel problema con l'avvocato!

E: Ciao mamma! Ne sono felice, ma purtroppo ora non possiamo parlarne. Ho un appuntamento con una mia amica per vedere una mostra, e sono in ritardo!

M: Non ti preoccupare, tesoro. Allora ti telefonerò stasera, così ne parleremo con calma.

E: Va benissimo, mamma! Con piacere. A stasera.

M: A stasera, divertiti!

Finalmente Emilia si mette in macchina e si avvia verso il museo, sperando di non trovare molto traffico.

Keywords and Phrases	
Emilia si occupa di cinema - Emma works at a cinema.	**È stata allestita** – They are showing.
La prima proiezione – First screening	**Non me ne intendo molto dei suoi quadri** – I don't understand well their paintings.
Si siede sul suo sgabello – She sits on his stool	
La sua giornata lavorativa – His workday.	**E si mette subito a letto** – And suddenly went to bed.
Si sposta spesso – She moves quickly.	**E poi si addormenta tranquilla** – And then she fell asleep soundly.
Ogni tanto esce dal cinema per una sigaretta – Very often gets out of the cinema for a smoke.	**Potrebbe dirmi la tariffa della visita guidata, per favore?** - Can you tell me the rate for the tour with the guide, please?
Oggi la giornata è stata molto faticosa – Today workday has been tired.	
Emilia si è stancata molto. – Emilia is very tired.	**Per ammirarne meglio i dipinti.** – To admire better the paintings.

Ti ho svegliata? – Did I wake you up?	**Ti disturbo?** – Do I disturb you?
Stasera non ho sonno. – I am not sleepy tonight.	**E quindi addirittura gratis** – And therefore, even free.
Ti va di uscire insieme? – Would you like to go out together?	**Allora deve prepararsi di fretta** – Then she needs to dress up in quickly.
Mi piacerebbe - I would love to.	**Si rende conto di non avere le chiavi** – She realizes she does not have the keys.

Oggi è domenica e Agnese non deve lavorare. Di solito la domenica si alza abbastanza tardi, fa una abbondante colazione, si prepara e va in Chiesa. Questa però sarà una domenica speciale perché deve andare da sua nipote per festeggiare il suo compleanno insieme al resto della famiglia, e quindi decide di alzarsi prima, e di andare alla Messa delle 10:30 per arrivare in tempo alla festa.

Agnese scende da casa per raggiungere la Chiesa e lungo la strada una signora la ferma per chiederle un'informazione:

S: Buongiorno signorina, mi scusi, potrei domandarle un'informazione?

A: Certo, mi dica.

S: Potrebbe indicarmi una chiesa qui vicino?

A: Lei è molto fortunata. Sto proprio andando in Chiesa!

S: Ah, benissimo! E qual è l'orario del culto?

A: La prima Messa inizia alle 8:30, quindi è già finita. La seconda, invece, comincia alle 10:30 e io ci sto andando. Se vuole, può venire insieme a me!

S: Magari, grazie! Ne sarei felice. Non conosco la zona e non vorrei perdermi. Dopo la Messa è anche possibile visitare la Chiesa?

A: No, signora. Le visite turistiche alla Chiesa di domenica sono vietate.

S: Ah capisco. Bene, la ringrazio per la sua gentilezza. Le vengo dietro lungo la strada!

A: Prego, mi segua signora.

Agnese e la signora arrivano in Chiesa e si siedono accanto in una delle prime file. Dopo la celebrazione commentano insieme il sermone del parroco e poi si salutano. Agnese si ferma ancora per qualche minuto perché vuole andare alla biblioteca della parrocchia per prendere in prestito dei libri da leggere. Arriva in biblioteca e ci trova l'impiegata Mariana.

A: Buongiorno Mariana, come stai? Non ci vediamo da un po' di tempo!

M: Buongiorno Agnese! Che piacere rivederti. Sì, non ci sono stata. Ho trascorso alcuni giorni in montagna dai miei.

A: Ti sei divertita?

M: Sì moltissimo, anche il tempo è stato bello. Ha nevicato ma non ha fatto molto freddo.

A: Bene, mi fa piacere. E al tuo posto chi è rimasto?

M: Quando non ci sono, Pietro mi aiuta se può, oppure mi sostituisce Lorenza.

A: Ah, capisco. Senti, sono venuta per prendere in prestito dei libri. Ti do la mia tessera.

M: Bene, quanti libri prendi?

A: Ne prendo tre, grazie. I titoli sono scritti su questo foglio.

M: Te li prendo subito, aspettami un attimo.

A: Ok, Mariana, grazie.

M: Eccoli qui. Ce li devi restituire entro il mese prossimo, va bene?

A: Sì, va benissimo.

M: Perfetto. Mettimi una firma qui, e poi puoi portarti i libri a casa.

A: Ecco fatto! A presto Mariana, grazie di tutto e buona domenica.

M: Grazie a te Agnese! Buona domenica e a presto!

Agnese torna a casa per lasciare i libri, e lungo la strada entra in pasticceria per comprare dei dolci per sua nipote. Fa lo scontrino alla cassa, si avvicina al banco per ordinare e trova un signore in attesa prima di lei.

A: Buongiorno, chi è l'ultimo della fila?

S: Sono io signorina, ma la lascio passare volentieri. Non ho fretta, e per me le donne hanno sempre la precedenza!

A: Davvero? Lei è proprio gentile, grazie mille!

S: Prego, è un piacere!

A: Buongiorno, vorrei comprare dei dolci per mia nipote. Le piacciono molto i bignè al cioccolato, i cannoli con la ricotta e la cheese cake.

C: Buongiorno, prima di servirla mi dovrebbe dare lo scontrino, per favore.

A: Certo, tenga.

C: Bene, allora quanti dolci le do?

A: Siamo 10 persone a pranzo, secondo lei quanti ne devo prendere?

C: Secondo me ne può prendere 1 kg, ma senza la cheese cake, perché altrimenti il peso diventa troppo.

A: Sì ha ragione. Allora per favore mi dia un vassoio di dolci misti da 1 kg.

C: Ecco a lei, signora.

A: Grazie e arrivederci.

C: Arrivederci!

Agnese esce dalla pasticceria e prosegue sulla strada verso casa per andare a lasciare i libri, prima di prendere la macchina e raggiungere la sua famiglia per il pranzo. Arrivata sul pianerottolo, incontra la sua vicina Elena.

E: Ciao Agnese, buona domenica. Come stai?

A: Ciao Elena, buona domenica a te. Bene, grazie. Tu?

E: Tutto bene, grazie. Vorrei chiederti velocemente un favore.

A: Certo, dimmi.

E: Domani puoi accompagnarmi al centro appena finisci di lavorare? Devo andare a fare una commissione, ma ho la macchina dal meccanico e domani non ci sono autobus.

A: Capisco. E come mai non ce ne sono?

E: Non ce ne sono perché c'è lo sciopero dei mezzi pubblici.

A: Ah ecco. Sì, certo ti ci accompagno io al centro.

E: Grazie, sei gentilissima.

A: Ci diamo appuntamento per le 17? Io finisco di lavorare alle 16, poi torno a casa e ti vengo a prendere.

E: Perfetto, Agnese, grazie mille. Ma sei sicura che non ti disturbo?

A: Ma certo, se dico che ti accompagno, è perché ti posso accompagnare. Nessun disturbo. Ora però ti saluto perché ho un pranzo di famiglia, e non voglio arrivare in ritardo. Devo chiamarti domattina per ricordarti l'appuntamento?

E: No, non hai bisogno di chiamarmi. Sarò puntuale alle 17.

A: Ottimo, a domani!

E: A domani! E ancora grazie per la tua cortesia.

☁ Keywords and Phrases	
Fa una abbondante	Ti sei divertita? – Did you have

colazione – Prepares enoough breakfast.

Va in Chiesa – Goes to church

E quindi decide di alzarsi prima – And then decides to get up first.

Se vuole, può venire insieme a me! – If you want, you can come with me.

Le vengo dietro lungo la strada! – I followed you along the street.

Non ci vediamo da un po' di tempo! – It's been sometimes that we don't see each other.

Ho trascorso alcuni giorni in montagna dai miei. – I have spent a few days at mountain with my family.

a good time?

Mettimi una firma qui – Give me your signature

Chi è l'ultimo della fila? – Who is the last in the line?

Non ho fretta, e per me le donne hanno sempre la precedenza! – I am not in a hurry, and for me, women always go first.

Prima di servirla mi dovrebbe dare lo scontrino – Before serving you, you have to give me the receipt.

Arrivata sul pianerottolo – Arrives at the landing.

C'è lo sciopero dei mezzi pubblici. – There strike of public transportation.

Chiara e suo marito Valentino vorrebbero partire per una vacanza in Tailandia. Ci sono andati per la loro luna di miele e se ne sono innamorati, e non vedono l'ora di tornarci. Chiara si trova in un'agenzia di viaggi per comprare i biglietti e prenotare l'albergo.

A: Buon pomeriggio signora, come posso esserle utile?

C: Buon pomeriggio. Vorrei prenotare una vacanza in Tailandia per me e mio marito.

A: Ottimo. In questo periodo è una meta bellissima e anche molto economica. Quando vorreste partire? Fra un mese andrebbe bene? Ci sono delle offerte per Phuket.

C: Sì, sarebbe perfetto per noi!

A: Le propongo uno splendido resort a 5 stelle, che offre una settimana di vacanza a meno di 1000 euro. Che ne pensa?

C: Mi sembra fantastico! Vorrei una camera matrimoniale con vista sul mare, dotata di bagno con vasca e doccia. Ce n'è una libera?

A: Sì, c'è. Le servono altre informazioni?

C: Sì, grazie. La colazione è inclusa nel prezzo?

A: Sì. Gliela prenoto allora?

C: Sì, va benissimo. Scelgo questa.

A: D'accordo, signora. Le prenoto i biglietti aerei di andata e ritorno? Anche per i voli ci sono tariffe economiche.

C: La ringrazio, sì.

A: C'è un volo diretto da Roma. Prenotando andata e ritorno le costerà meno di 1500 euro per due persone. Le va bene?

C: Benissimo!

A: Perfetto. Inserisco i vostri dati per i biglietti, i dettagli della sua carta di credito e le prenoto il volo. Partenza fra 30 giorni e ritorno dopo una settimana.

C: Lei è gentilissimo. Grazie al suo aiuto spenderemo davvero poco!

A: Sì, avete scelto di partire in un periodo favorevole con molte offerte. Le stampo tutto, così controlliamo se manca qualcosa.

C: Ok, grazie.

A: Ecco a lei. Qui c'è tutto. Per qualsiasi problema o necessità, può telefonarmi qui in agenzia.

C: Grazie ancora, se abbiamo problemi o dubbi io e mio marito ci faremo sentire. Arrivederci!

A: Arrivederci signora, grazie a lei.

Felice per aver prenotato tutto e per aver risparmiato, Chiara esce dall'agenzia e fa una passeggiata a piedi per tornare a casa. Per strada incontra Salvatore, un collega di suo marito, ma lui non risponde al suo saluto. Arrivata a casa, trova suo marito Valentino ad aspettarla. Lui la vede arrabbiata in viso e le chiede subito il motivo.

V: Ciao amore! Bentornata! Hai preso tutto, giusto?

C: Sì certo che ho preso tutto. Ma dove ho messo la carpetta. Aspetta, ah, eccola qui, in questa parte della borsa.

V: Benissimo! Però ti vedo arrabbiata, che cosa è successo?

C: Eh sì, lo sono. Per strada ho incontrato il tuo collega Salvatore, e lui non mi ha neanche salutato.

V: Ah, capisco. Pazienza Chiara, non ti arrabbiare, per lui è normale fare così.

C: E perché non mi ha salutato? Non lo sopporto!

V: Perché da quando abbiamo discusso per quel problema di lavoro, non mi parla più.

C: E quando gli sarà passata l'arrabbiatura? Fra dieci anni?

V: Hai ragione, amore. Purtroppo dobbiamo solo avere pazienza. Ma cambiamo argomento, parliamo del nostro viaggio!

C: Infatti, è meglio! Tutto bene per la nostra vacanza. Ho organizzato con l'agente di viaggio e possiamo partire tranquilli. Ci ha fatto risparmiare tanti soldi, ha trovato delle ottime offerte per l'albergo e anche per i voli.

V: Evviva, meraviglioso! Non vedo l'ora di partire! Tailandia, stiamo arrivando!

C: Sì, fra un mese si parte!

V: Stupendo. Senti amore, che ne dici se andiamo a festeggiare la partenza? Ti ricordi quando abbiamo ricevuto la busta con il volantino del nuovo ristorante che hanno aperto vicino a Piazza di Spagna?

C: Eh, no non mi ricordo, ne riceviamo tante di buste! Ma comunque sì, sono d'accordo a uscire! Prepariamoci e andiamo!

Chiara e Valentino si preparano per la serata, e si mettono in macchina per andare al ristorante. Per fortuna non c'è molto traffico e riescono anche a trovare parcheggio facilmente. Arrivano all'ingresso e parlano con l'impiegata:

I: Buonasera signori, benvenuti!

V: Buonasera, grazie. Avete un tavolo libero per due persone?

I: Sì, certo! Accomodatevi! L'hostess vi accompagnerà al vostro tavolo.

V: Grazie mille.

Una hostess si avvicina a Chiara e Valentino e li porta al loro posto. Ambiente accogliente, arredi moderni, pareti colorate e un piccolo vaso di fiori su ogni tavolo. Si accomodano e chiamano il cameriere:

V: Cameriere, scusi, ci può portare il menù e la lista dei vini, per favore?
C: Certo, sono subito da voi.

Dopo qualche minuto arriva il cameriere.

C: Eccomi. Cosa vi porto, signori?
V: Avete qualche specialità della casa? Com'è fatta, cosa contiene? Vorremmo assaggiarla!
C: Sì, certo. È a base di pesce, va bene?
V: Benissimo. Allora prendiamo 2 insalate di mare e 2 specialità della casa. Ci porta anche una bottiglia di acqua minerale e una bottiglia di vino bianco, per favore? Ci fidiamo della sua scelta.
C: Grazie per la fiducia, signore. Vi porterò un ottimo vino locale.

Tovaglioli di stoffa variopinti, piatti, forchette, cucchiai, coltelli, olio, aceto, sale, pepe e perfino gli stuzzicadenti! Sul tavolo del ristorante non manca niente! Chiara e Valentino hanno un'ottima impressione del locale e sono sicuri che gusteranno una cena squisita e lasceranno volentieri una buona mancia.

Keywords and Phrases

Vorrebbero partire per una vacanza in Tailandia – I would like to go on vacation to Thailand.

Ci sono andati per la loro luna di miele – They went on their honeymoon.

Come posso esserle utile? – How may I help you?

Quando vorreste partire? – When do you want to depart?

Le propongo uno splendido resort a 5 stelle

Che ne pensa? – I propose you a five-start hotel, what do you think?

Partenza fra 30 giorni e ritorno dopo una settimana. – Departure in thirty days and return one week after.

Grazie al suo aiuto spenderemo davvero poco! – Thanks to your help, we will really spend less.

Per qualsiasi problema o necessità – For any problems or need.

Lui la vede arrabbiata in viso e le chiede subito il motivo. – He sees her face angry and asks her the reason.

Non lo sopporto! – I can't stand him.

Non mi parla più. – He doesn't speak to me no more.

E quando gli sarà passata l'arrabbiatura? Fra dieci anni? – And when will the angry be gone, within ten years?

Evviva, meraviglioso! - Ah yes, wonderful.

Vorremmo assaggiarla! – We would like to taste it.

Ci fidiamo della sua scelta – We will trust your choice.

E lasceranno volentieri una buona mancia. – And we will gladly leave a good tip.

Andrea è il rappresentante di una ditta di scarpe, ed è arrivato ieri sera a Parigi per un viaggio d'affari. L'aereo è atterrato tardi, lui era molto stanco e non aveva voglia di uscire, quindi è rimasto a cena al ristorante dell'albergo. Poi ha bevuto un drink al bar, ed è salito in camera. Va pazzo per i film western e ne ha visto uno in televisione prima di addormentarsi. Stamattina Andrea si è svegliato presto e ha fatto un'abbondante colazione alla francese. Prima di uscire va alla reception a chiedere un'informazione.

A: Buongiorno, scusate, vorrei domandarvi un'informazione.
R: Buongiorno signore, mi dica.
A: Potrebbe indicarmi una banca o uno sportello Bancomat nelle vicinanze? Vorrei prelevare dalla mia carta di credito.
R: Certo. Fino a qualche mese fa, avevamo uno sportello Bancomat qui in hotel ma ora non più, purtroppo. Però c'è una banca a meno di 1 km. Uscendo dall'albergo vada a destra fino al primo semaforo, poi giri a sinistra e dopo pochi metri si troverà davanti alla banca.
A: La ringrazio per le sue indicazioni, arrivederci!
R: Prego, arrivederci e buona giornata.

Andrea va in banca, preleva i contanti che gli servono e poi prende un taxi per andare al suo appuntamento di lavoro presso la sede di una catena di negozi di scarpe. Arriva all'ingresso e parla con il portiere:

A: Buongiorno, sono il rappresentante di una ditta italiana di scarpe. Potrei parlare con il direttore?

P: Sì, certamente, ma deve fissare un appuntamento.

A: Ho già un appuntamento per le ore 11.

P: Ah perfetto, allora si accomodi. L'ufficio del direttore è al settimo piano, e l'ascensore è in fondo a destra.

A: Grazie, gentilissimo.

Andrea spegne il telefono, prende l'ascensore e raggiunge l'ufficio. La segretaria informa il direttore del suo arrivo e poi lo fa entrare.

D: Buongiorno Andrea, sono lieto di conoscerla. Mi chiamo Pierre e sono il direttore della catena dei negozi di scarpe.

A: Buongiorno Pierre, sono lieto anche io di conoscerla. Credo che non abbiamo mai parlato al telefono o via email, quando telefonavo o scrivevo mi rispondeva sempre la sua segretaria.

D: Sì, di solito lei si occupa dei contatti con l'Italia.

A: Ah, capisco. La avevano già informata del mio arrivo e del progetto che vorrei proporle?

D: Sì, sì. I miei colleghi mi hanno detto tutto. Quando è pronta la merce?

A: La merce sarebbe già pronta, le scarpe sono conservate nei nostri magazzini. Quando ci avrà dato l'autorizzazione, noi vi spediremo tutto.

D: Perfetto. Per me possiamo programmare la spedizione per la prossima settimana.

A: Ottimo! Vorrei sapere qual è l'orario di apertura dei vostri negozi.

D: I nostri negozi sono aperti dal lunedì al sabato dalle 09:00 alle 13:00 e dalle 16:00 alle 20:00.

A: Bene. Se lei è d'accordo, possiamo preparare il preventivo per la spedizione, definire le condizioni di pagamento e firmare il contratto.

D: Sì, certo. Procediamo!

Andrea e Pierre firmano il contratto e poi si salutano subito, perché il direttore deve andare a un'altra riunione.

Andrea riaccende il telefono e riceve una chiamata da sua madre:

M: Ciao Andrea!

A: Pronto, mamma! Potresti parlare più forte? Non si sente bene!

M: Mi senti adesso?

A: Sì, sì, perfettamente. Come stai?

M: Bene, e tu? Ti ho chiamato tante volte ma il cellulare era sempre spento. Aspettavo una telefonata da te stamattina! Che cosa facevi mentre ti telefonavo?

A: Mamma, non ricordi? Ero all'appuntamento con il direttore, perciò il telefono era spento!

M: È vero! Mi ero dimenticata l'orario dell'appuntamento. Come è andata?

A: Splendidamente, grazie.

M: Mi fa piacere. E ora che farai?

A: Faccio una passeggiata e poi torno in albergo. Ci sentiamo dopo, mamma!

M: A dopo, divertiti!

Andrea si gode una passeggiata per le strade di Parigi, e decide di entrare in un negozio di scarpe e accessori. Entra e chiede aiuto alla commessa:

Teach Yourself Italian Conversation

A: Buongiorno signorina.

C: Buongiorno. Come posso esserle utile?

A: Vorrei un paio di scarpe per me e una borsetta da donna.

C: Scarpe sportive o eleganti?

A: Eleganti. Il mio numero è il 43.

C: E la borsetta? Ha già visto qualche modello in vetrina?

A: Sì, vorrei quella piccola nera con il fiocco.

C: Ok, ho capito qual è. Le prendo subito le scarpe e così le potrà provare.

A: Grazie signorina, gentilissima.

Dopo qualche minuto Andrea trova il paio di scarpe che gli va bene, e va alla cassa per pagare. Si fa fare un pacchetto regalo per la borsetta, che darà a sua madre.

Uscito dal negozio, cerca il punto Internet più vicino per andare a inviare un fax ai colleghi del suo ufficio in Italia per informarli dell'ottimo risultato del suo appuntamento di lavoro.

Keywords and Phrases	
Andrea è il rappresentante di una ditta di scarpe – Andrea is the representative of a shoe company.	Quando telefonavo o scrivevo mi rispondeva sempre la sua segretaria – When I called or wrote, your secretary was the one always answering.
Lui era molto stanco e non aveva voglia di uscire – He was very tired and did not want to go out.	Quando è pronta la merce? – When is the merchandize ready?
Ed è salito in camera – And	Quando ci avrà dato

went up to the bedrrom.

Va pazzo per i film western – He is crazy about western movies.

Potrebbe indicarmi – Could you tell me?

Vorrei prelevare dalla mia carta di credito. - I would like to withdraw from my credit card.

Uscendo dall'albergo vada a destra fino al primo semaforo – Getting out of the hotel going right to the first traffic light.

Preleva i contanti che gli servono – Withdraws the cash he needs

Una catena di negozi di scarpe. – A chain of shoes company's business.

Sono lieto anche io di conoscerla – I am also glad to meet you.

l'autorizzazione, noi vi spediremo tutto. – When we receive authorization, we will send everything.

Possiamo preparare il preventivo per la spedizione – We can prepare the quote for shipping.

Sì, certo. Procediamo! – Yes, sure, let us proceed.

Non si sente bene! – I cannot hear you well.

Mi ero dimenticata l'orario dell'appuntamento – I forgot the time of the appointment.

Vorrei un paio di scarpe per me e una borsetta da donna. – I would a pair of shoes for me and a purse for the lady.

Dopo qualche minuto Andrea trova il paio di scarpe che gli va bene – After a few minutes Andrea finds the pair of shoes that fit him.

Matteo ha 18 anni e si è appena diplomato al liceo scientifico. È molto contento perché ha preso il voto più alto e adesso vuole pensare ai suoi progetti futuri. Desidera diventare un medico, anche se sa che ci vorranno molti soldi per studiare medicina, e che magari dovrà trovarsi un lavoretto per potersi pagare le tasse universitarie.

Oggi Matteo ha deciso di andare a fare visita a sua nonna, che ha un forte mal di schiena e non è potuta andare alla cerimonia di consegna dei diplomi.

N: Ciao Matteo! Che piacere vederti!

M: Ciao nonna! Anch'io sono molto contento di vederti. Sarei venuto ieri, ma c'era lo sciopero degli autobus e la mamma non mi ha potuto accompagnare.

N: Sì, ho visto al telegiornale che c'era lo sciopero. Non ti preoccupare, l'importante è che oggi siamo insieme. Come è andata la cerimonia dei diplomi?

M: Molto bene, nonna. Sono stato contento ed emozionato.

N: Immagino. Sono orgogliosa di te e del tuo ottimo voto.

M: Grazie nonna!

N: Hai fame? Vorresti un pezzo di torta?

M: Molto volentieri, grazie!

N: Ti andrebbe anche di prendere un caffè? Una tazza di tè?

M: Una tazza di tè andrà benissimo.

N: Perfetto, vado in cucina e torno subito.

M: Ti aspetto.

N: Ecco qui la merenda! E ora? Che programmi hai per l'estate?

M: Vorrei studiare per il test d'ingresso alla facoltà di medicina.

N: Oh, che bravo! Sai bene che tuo nonno avrebbe voluto vederti diventare un medico, e sarebbe molto fiero di te.

M: Sì, mi ricordo bene del desiderio del nonno. E anche per questo motivo vorrei laurearmi al più presto.

N: Ti piacerebbe lavorare anche all'estero?

M: Sì, magari! Mi piacerebbe imparare bene una lingua straniera e specializzarmi in chirurgia.

N: Sei proprio un bravo ragazzo, Matteo! Ti faccio un grosso in bocca al lupo!

M: Ti ringrazio nonna! Farò del mio meglio per non deludere te e il nonno. Rimarrei volentieri, ma adesso devo proprio andare. Vuoi venire domani sera a casa nostra?

N: Mi dispiace, ma ho già un impegno! Devo andare in Chiesa per una riunione.

M: Ah capisco, allora ci sentiamo presto nonna! È stato un pomeriggio piacevole, e spero di rivederti presto. Stammi bene!

N: È stato piacevole anche per me, a presto!

La stessa sera Matteo va a bere qualcosa con il suo amico Umberto per festeggiare la fine della scuola e l'inizio delle vacanze. I due amici si incontrano davanti al pub.

M: Ciao Umberto! Come stai?

U: Ciao Matteo, tutto bene grazie! Tu?

M: Anch'io sto bene, grazie. Entriamo?

U: Andiamo!

Si avvicinano all'ingresso, e Matteo chiede un'informazione a un vigilante.

M: Buonasera, mi scusi. Quanto costa l'entrata?

V: Buonasera. L'entrata costa 10 euro, e nel prezzo del biglietto è inclusa la consumazione di una bibita.

M: Benissimo, grazie.

Matteo e Umberto entrano dentro il pub, ordinano qualcosa al bancone e poi si siedono a un tavolino. Ad un certo momento due ragazze si siedono al tavolino accanto al loro, e i due amici provano a farne la conoscenza.

U: Buonasera signorine, potremmo fare due chiacchiere? Come vi chiamate? Noi siamo Umberto e Matteo.

T: Buonasera ragazzi! Sì, con piacere. Noi siamo Teresa e Silvana. Vorreste sedervi qui con noi?

U: Sì, molto volentieri.

T: Cosa prendete?

U: Noi abbiamo già ordinato due birre.

T: Perfetto, allora adesso ordiniamo noi due.

U: Siete qui da sole? Aspettate qualcuno?

T: Sì, siamo da sole. Non siamo fidanzate. Ci farebbe piacere conoscervi un po' meglio.

U: Neanche noi siamo fidanzati. Vi piace ballare? Tra poco arriverà un DJ e inizierà a mettere della buona musica.

T: Uhm, io non so ballare. Ma Silvana sì!

S: Eh sì. A me piace tanto ballare. E a te, Matteo?

M: Sì anche a me. Posso invitarti a ballare quando arriva il DJ?

S: Sì, certo! Molto volentieri.

U: Beh, allora io resto qui con te a chiacchierare Teresa!

T: Sì, è meglio!

U: Io esco un attimo a fumare, perché qui dentro è vietato. Posso offrirvi una sigaretta?

T: No, grazie, non fumiamo.

Dopo qualche minuto Umberto rientra e la serata dei due amici prosegue in compagnia delle due ragazze. Umberto e Teresa rimangono seduti a chiacchierare ma purtroppo non vanno molto d'accordo. Al contrario, Matteo e Silvana ballano a lungo e si divertono tantissimo insieme.

Quando il DJ saluta i presenti e finisce la serata, Matteo si avvicina a Silvana per salutarla.

M: Grazie della bella compagnia, Silvana. Sono stato molto bene e mi sono divertito.

S: Grazie a te, Matteo. Anch'io ho passato una serata piacevole.

M: Mi piacerebbe vederti ancora. Potremmo uscire insieme una sera di queste...

S: Certo! Eccoti il mio numero di telefono. Quando vuoi, chiamami!

M: Lo farò sicuramente, Silvana. A prestissimo!

S: Alla prossima, Matteo!

Matteo raggiunge il suo amico al tavolo, e saluta Teresa che sta uscendo. Al contrario di lui, Umberto non è felice per la sua serata.

M: Ehi, Umberto. Ti vedo molto dispiaciuto.

U: Sì, è vero. Teresa mi sembrava una bella ragazza, e invece non andiamo d'accordo. Pazienza! Sarà per la prossima volta.

M: Posso accompagnarti a casa, così non ti lascio solo!

U: Ti ringrazio per l'offerta, amico mio. Andiamo!

Keywords and Phrases	
Si è appena diplomato – He has just graduated.	**Ti faccio un grosso in bocca al lupo!** – I will give you a big good luck.
Ha preso il voto più alto –	

Valedictorian

Dovrà trovarsi un lavoretto – He should get a job.

Un forte mal di schiena – A big pain in the back.

Cerimonia di consegna dei diplomi- The ceremony to handover the degrees

Sono orgogliosa di te e del tuo ottimo voto. – I am proud of you and your valedictorian.

Vorresti un pezzo di torta? – Would you like a piece of cake?

Una tazza di tè andrà benissimo. – A cup of tea would be great.

Il test d'ingresso - Entrance exam.

E sarebbe molto fiero di te – And will be very proud of you.

Vorrei laurearmi al più presto – I want to graduate as soon as possible.

Farò del mio meglio per non deludere te e il nonno – I will do my best not to disappoint you and grandfather.

E nel prezzo del biglietto è inclusa la consumazione di una bibita. – And in the price of the ticket, a drink is included.

E i due amici provano a farne la conoscenza. – And both friends tries to be acquainted.

Neanche noi siamo fidanzati – We are engaged as well.

Potremmo uscire insieme una sera di queste – We could go out together one of these nights.

A prestissimo! – The soonest the better.

Ti vedo molto dispiaciuto. – I see you're not pleased.

Pazienza! Sarà per la prossima volta. – Patience! It will be next time.

Francesco è un medico e domani dovrà andare a visitare dei pazienti fuori città, che non possono raggiungere il suo studio per problemi di salute. Oggi gli si è rotta la macchina e ha dovuto portarla dal meccanico; il meccanico gliela ridarà fra 3 giorni, e quindi lui non sa come fare per andare dai suoi pazienti. Allora decide di telefonare a suo cognato per chiedergli un aiuto.

F: Ciao Stefano, come stai?

S: Ciao Francesco, tutto bene grazie. E tu?

F: Tutto ok, ma ho un problema. Scusami per il disturbo.

S: Nessun disturbo! Dimmi tutto.

F: Mi faresti un favore? Domani devo andare fuori città per delle visite, e purtroppo mi si è rotta la macchina! Mi presteresti la tua?

S: Volentieri, certo che te la presto! Tra l'altro, domani non mi serve. Ma mi raccomando, fai attenzione! Sii prudente!

F: Non ti preoccupare, te la riporterò tutta intera.

S: Lo spero, mi fido di te. Altrimenti non te la farei usare.

F: Grazie mille, Stefano! Non so come avrei fatto senza il tuo aiuto!

S: Prego, di niente! Allora ti aspetto domattina?

F: Sì, verrò a prendermi la macchina alle 9. Va bene?

S: Perfetto.

F: A domani! Grazie ancora, ti auguro la buonanotte.

S: Buonanotte cognato, a domani!

Francesco ora si sente tranquillo grazie all'aiuto di suo cognato, e prima di andare a dormire prepara la sua valigetta con gli strumenti medici.

L'indomani mattina alle 9 va a prendere la macchina da suo cognato, e poi parte per raggiungere i suoi pazienti. Il primo paziente da visitare è il suocero del suo amico Mario, che vive in campagna e soffre di un forte mal di schiena.

F: Buongiorno signor Carmelo, come sta oggi?

C: Buongiorno dottore! Eh, insomma, mi fa molto male la schiena.

F: Le ho portato un nuovo farmaco. Adesso glielo do, così potrà prenderlo e fra qualche giorno mi dirà come si sente.

C: Grazie dottore, attualmente sto prendendo le mie medicine ma purtroppo non sto ancora bene. Che cosa le posso offrire? Una tazza di caffè? Un bicchiere d'acqua?

F: Un bicchiere d'acqua andrà benissimo, grazie. Poi si sieda qui, così completiamo la visita.

Dopo avere visitato il signor Carmelo, Francesco si sposta per andare da Amalia, la seconda paziente della lista. È la cugina della sua fidanzata, e ha avuto un brutto incidente con la macchina. Ha una gamba rotta e per adesso deve muoversi con la sedia a rotelle.

F: Buongiorno Amalia, come stai oggi?

A: Buongiorno Francesco, abbastanza bene grazie.

Francesco inizia la seduta di fisioterapia, che ha degli ottimi risultati.

F: Per oggi abbiamo finito, Amalia. Devo farti i miei complimenti! Grazie ai tuoi sforzi la gamba si sta rimettendo a posto.

A: Davvero? Mi dici la verità o una bugia?

F: Sono sincero!

A: Lo spero, mi fido di te! Vorrei chiederti una cosa. Vi sono piaciuti quei vini che vi ho regalato l'altra volta?

F: Sì! Ci sono piaciuti molto. Ci siamo bevuti tutte le bottiglie in breve tempo.

A: Bene! Per ringraziarti per le sedute di fisioterapia a domicilio, vorrei regalartene altre bottiglie.

F: Ma non devi disturbarti, è il mio lavoro!

A: Lo faccio con piacere. Vado a prenderle!

Nel frattempo entra di corsa in salone il figlio di Amalia, un bambino di 3 anni. Si avvicina al tavolo dove Francesco ha posato la sua valigetta e inizia a toccare tutto. Francesco non riesce a fermarlo, e il piccolo fa cadere per terra lo stetoscopio. Amalia ritorna nella stanza e rimprovera subito il figlio, dicendogli che deve imparare a non toccare le cose che non gli appartengono. Francesco ringrazia Amalia per il regalo, e si rimette in macchina per raggiungere la casa dell'ultima paziente, la moglie di un suo professore universitario.

F: Buongiorno signora, come sta oggi? Come va il braccio?

M: Buongiorno dottore. Oggi sto molto meglio grazie, e non vedo l'ora di iniziare la fisioterapia.

Dopo la seduta di fisioterapia, Francesco nota che sul tavolo c'è un souvenir di Bruxelles.

F: Signora, mi perdoni se le chiedo una curiosità.

M: Ma certo, mi dica dottore.

F: Siete stati in viaggio a Bruxelles? Ho notato il souvenir qui sul tavolo.

M: Sì, ci siamo stati in vacanza prima del mio infortunio al braccio.

F: Ah, capisco. Le è piaciuto il viaggio?

M: Sì, moltissimo. La città è stupenda. Mio marito le ha spedito una cartolina! Le è arrivata?

F: Davvero? Che gentile! No, non mi è ancora arrivata. Per favore, ringrazi suo marito da parte mia.

M: Si figuri. Sa bene che mio marito le è molto affezionato.

F: Grazie mille. E io sono tanto affezionato a lui! Adesso la lascio riposare, signora. Ci vediamo per il controllo la prossima settimana.

Francesco è molto soddisfatto per le sue visite e torna in città. Prima di andare a casa va a restituire la macchina a suo cognato.

F: Eccomi qui, Stefano!

S: Ciao, Francesco! Tutto a posto?

F: Sì, grazie. Vedi che hai fatto bene a fidarti di me? Ti ho riportato la macchina tutta intera.

S: Non avevo dubbi, cognato!

ᗉ Keywords and Phrases	
A visitare dei pazienti fuori città – A doctor's visit outside of the city.	**Le ho portato un nuovo farmaco.** – I have brought you a new med.

Per problemi di salute – For health reasons.

Il meccanico gliela ridarà fra 3 giorni – The mechanic will bring it in three days.

Nessun disturbo! Dimmi tutto. – No trouble! Tell me everything.

Mi presteresti la tua? – Would you lend me you...?

Tra l'altro, domani non mi serve – Moreover, tomorrow would be good.

Ma mi raccomando, fai attenzione! Sii prudente! – I urge you, pay attention. Be prudent!

Lo spero, mi fido di te – I hope, I am trusting you.

Ha una gamba rotta e per adesso deve muoversi con la sedia a rotelle. – Has a broken leg and that is why he needs the chair to move.

Francesco inizia la seduta di fisioterapia – Francesco starts his physic therapeutic sections.

Mi dici la verità o una bugia? – Are you telling me the truth or a lie?

E inizia a toccare tutto. – And he starts to touch everything.

Come va il braccio? – How is the arm?

Sa bene che mio marito le è molto affezionato. – You know very well that my husband is very fond of you.

🔒 Unit Thirteen

Raimondo si trova al Commissariato di Polizia per denunciare il furto che ha subito nel suo appartamento. Arriva davanti alla porta d'ingresso e il commissario lo fa accomodare.

C: Buonasera signore, prego si accomodi e mi racconti per filo e per segno tutto quello che è successo.

R: Buonasera Commissario, grazie. Mi chiamo Raimondo Rossi e purtroppo sono qui per denunciare un grosso furto che ho appena subito nel mio appartamento. Sono tornato a casa dal lavoro, e il portiere del palazzo era già andato via, perché era abbastanza tardi. Sono salito e ho trovato la porta aperta. Di solito il mercoledì pomeriggio viene il mio domestico per fare le pulizie, ma stamattina mi aveva telefonato per dirmi che stava male, e che quindi non sarebbe venuto a lavorare. Vedendo la porta aperta e la serratura rotta, ho capito subito che c'era stato un furto. Sono entrato in soggiorno e ho trovato tutto sottosopra: i tappeti spostati, la lampada sul pavimento, il tavolo e il divano capovolti, il vetro della finestra spaccato e la parete macchiata con dello spray nero.

Il lampadario del corridoio non si accendeva più. Al buio sono riuscito ad andare in cucina e ho trovato un gran disordine: la cucina a gas e il fornello distrutti, il frigorifero e la lavatrice aperti, e alcune pentole buttate sul pavimento. Sono riuscito a prendere una torcia da un cassetto e mi sono spostato in camera da letto.

Anche la camera da letto era stata visitata dai ladri, perché ho trovato il cassetto del comodino aperto, e non c'erano più la televisione, la cassetta con i soldi e i gioielli.

Perfino in bagno c'era qualcosa di rotto.

C: Mi dispiace davvero per il suo furto, signore. Nessuno ha visto niente? Neppure i suoi vicini?

R: Dopo avere controllato tutto l'appartamento, ho bussato a casa della mia vicina Virginia, ma mi ha aperto la porta la sua bambinaia perché lei era al lavoro, e non mi ha saputo dare informazioni utili. Poi sono sceso al pianterreno e ho incontrato il giardiniere, che stava ancora lavorando. Ma anche lui mi ha detto che non ha visto nessuno.

C: Secondo me è impossibile! Quante cose hanno portato via da casa sua? Ha fatto un elenco?

R: Sì. Hanno portato via un lettore DVD, una piccola televisione, 500 euro in contanti e una scatola con dei gioielli.

C: Capisco. Tutto sommato, poteva andare peggio.

R: Sì, ha ragione commissario. Avrebbero potuto rubare anche altre cose di grande valore.

C: Vorrei farle una domanda personale. Lei ha dei nemici?

R: Eh, purtroppo credo di sì. In passato ho avuto dei problemi sul lavoro. Sono un imprenditore, e ho dovuto licenziare alcuni dipendenti. Uno di loro ha reagito molto male e per un periodo mi ha spedito a casa delle lettere, dove scriveva degli insulti.

C: E come mai non lo ha denunciato?

R: Non l'ho denunciato perché non volevo creargli altri problemi.

C: Quante lettere le ha mandato?

R: Cinque. Poi per fortuna ha smesso.

C: Capisco. Quindi sospetterebbe di questa persona?

R: Sì, è l'unica persona che mi viene in mente.

C: Avrei un'altra domanda. Per fare un furto in un palazzo senza essere visti, è utile avere dei complici. Secondo lei, potrebbero essercene?

R: Non saprei. Magari quel signore ha degli amici che abitano nel mio palazzo e conoscono i miei orari.

C: Sì, è possibile. Signor Rossi, per il momento non ho bisogno di altre informazioni. Se ci sono novità, la chiameremo.

R: La ringrazio signor commissario, spero che mi telefonerete presto. Arrivederci!

C: Arrivederci!

Passano alcuni giorni e il commissario continua a fare le sue indagini. Fortunatamente riesce a trovare delle informazioni utili e quindi telefona al signor Raimondo.

C: Salve signor Rossi, sono il Commissario.

R: Salve, Commissario! Ci sono novità sul furto?

C: Sì. Ho seguito da vicino i movimenti del suo ex dipendente, e ho scoperto che è amico del giardiniere che lavora nel suo palazzo. Si incontrano spesso.

R: Ah, capisco. Secondo lei sono complici?

C: Secondo me sì. Il giardiniere lavora tutti i giorni nel suo palazzo, dunque conosce i suoi orari. Magari quel giorno avrà detto al suo complice che il suo domestico non c'era, e che quindi in casa sua non c'era nessuno.

R: Sì, è probabile. Adesso come proseguiranno le sue indagini, commissario?

C: Continuerò a tenere sotto controllo il suo ex dipendente, e cercheremo di scoprire se nasconde in casa sua la refurtiva del furto. Spero proprio di riuscire ad arrestarlo, se è lui il colpevole.

R: La ringrazio, commissario. Le auguro un buon lavoro e spero di risentirla presto con delle buone notizie!

C: Lo spero anche io, signor Raimondo. Incrociamo le dita!

Keywords and Phrases	
Raimondo si trova al Commissariato di Polizia – Raimondo is at the police station	**Secondo me è impossibile!** – According to me, it is impossible.
Per denunciare il furto che ha subito nel suo appartamento - To report the theft that happened at this apartment.	**Lei ha dei nemici?** - Do you have enemies?
	Poi per fortuna ha smesso. – Then he luckily stopped.
Mi racconti per filo e per segno tutto quello che è successo. – Tell me everything that has happened with details.	**Quindi sospetterebbe di questa persona?** – Well, it means you suspect from this person?
Un grosso furto che ho appena subito nel mio appartamento – A big theft has just happened at my apartment.	**Se ci sono novità, la chiameremo.** – If there is any update, we will call you.
	A fare le sue indagini. – To make his inquiries.
Per fare le pulizie – To clean up	**La refurtiva del furto** – The stolen property of the theft.
E ho trovato tutto sottosopra – And I found everything upside down	**Lo spero anche io, signor Raimondo. Incrociamo le dita!** – I also hope so, Mr. Raimundo, let us cross our fingers.

E non mi ha saputo dare informazioni utili. – And could not give me any useful information.	

*Giulia è appena guarita da una lunga malattia e si trova nello
studio del suo medico per fare l'ultimo controllo. La segretaria
le dice di accomodarsi nella saletta e di avere un po' di
pazienza.*

S: Prego, signorina. Si sieda qui nella saletta e attenda la mia
chiamata. Il dottore sta ancora visitando un'altra paziente.
G: Certamente. Ma mi raccomando, non si dimentichi di me.
S: Non si preoccupi! Stia qui tranquilla. Fra qualche minuto
toccherà a lei.

*Passano alcuni minuti, e intanto Giulia controlla di aver
portato la lastra della radiografia che ha fatto la settimana
scorsa. Nel frattempo arriva la segretaria per informarla che il
dottore adesso è libero.*

G: Buongiorno dottore!
D: Buongiorno Giulia, che piacere rivederla! Come sta?
G: Molto bene, grazie alle sue cure.
D: Mi fa piacere. Mi ha portato l'ultima radiografia? Così
controlliamo il risultato insieme.
G: Sì, eccola.
D: Mi sembra tutto perfetto. Il problema ai polmoni è
completamente sparito!
G: Bene. Quindi adesso posso fumare una sigaretta ogni tanto?
D: Ascolti il mio consiglio Giulia, smetta completamente di
fumare! Così non avrà di nuovo questo problema di salute.
G: Sì, ha ragione dottore. Stavo scherzando! Invece vorrei farle
una domanda seria. Posso tornare a correre?

D: Sì, certamente. Se vuole correre di nuovo, corra! L'importante è non esagerare. Lo sport fa sempre bene alla salute.

G: Bene, dottore. Riprenderò ad allenarmi poco a poco.

D: Per il momento non ho altre raccomandazioni da farle. Se vuole andare via, vada tranquilla! Uscendo prenda appuntamento con la mia segretaria, e così ci vediamo per il prossimo controllo.

G: Sì, dottore. Adesso devo proprio andare, ho un appuntamento. Grazie di tutto, a presto.

D: Arrivederci, Giulia!

Giulia prende appuntamento con la segretaria ed esce velocemente dallo studio medico. Deve incontrare la proprietaria di una casa che vorrebbe prendere in affitto. Mentre cammina si accorge di essere arrivata in una zona che non riconosce, e chiede informazioni a una passante.

G: Signora, mi scusi, mi sono persa. Può dirmi dove sono?

S: Sì, certo, non si preoccupi. Siamo nella piazza del mercato centrale. Lei dove deve andare?

G: Io devo raggiungere un appartamento. Guardi, questo è l'indirizzo.

S: Ah, sì! È qui vicino! Vede il supermercato lì in fondo alla strada? Lo raggiunga, e giri subito a destra. Poi vada fino al semaforo e prenda la prima traversa sulla sinistra. Il suo appartamento si trova in quella strada.

G: La ringrazio moltissimo, signora!

Seguendo le indicazioni della signora, Giulia arriva all'appuntamento con la proprietaria della casa.

G: Buongiorno signora, piacere sono Giulia!

P: Buongiorno Giulia, piacere! Io mi chiamo Paola. Vieni con me, ti faccio vedere l'appartamento.

G: A che piano è?

P: Al terzo. C'è il portinaio tutti i giorni, tranne la domenica, e c'è anche l'ascensore.

G: Perfetto. È ammobiliato?

P: Sì, tutte le stanze sono ammobiliate.

G: Ottimo! Ha il telefono?

P: Sì, ha il telefono fisso ma non è compreso nel prezzo. Le spese per le utenze e il condominio invece sono incluse.

G: Interessante!

P: Eccoci arrivate. Ti mostro tutte le stanze, entra!

Qui a destra ci sono il soggiorno, che contiene un camino, e la cucina, dove c'è anche una dispensa. A sinistra, invece, puoi vedere il bagno e la camera da letto. Laggiù in fondo al corridoio c'è un'altra stanza, che magari puoi usare come sala da pranzo.

G: Bellissimo! Tutte le stanze sono molto grandi.

P: Sì, l'appartamento è spazioso e anche molto soleggiato. La zona è piena di servizi ma è tranquilla. Nel quartiere ci sono una scuola elementare, un istituto tecnico, un istituto magistrale, l'Accademia delle Belle Arti e il Conservatorio di Musica. Puoi anche raggiungere facilmente alcune facoltà dell'Università: Lettere, Filosofia, Medicina e Ingegneria. Il palazzo ha pure un garage, dove c'è una cantina. Vieni, scendiamo a vederla!

G: D'accordo!

Teach Yourself Italian Conversation

P: Prendiamo l'ascensore e andiamo.

Eccoci, questa è la cantina. Se hai cibi o bevande da conservare, puoi metterli qui, c'è tanto spazio.

G: Eh, sì, anche la cantina è molto grande.

Signora Paola, io credo proprio che prenderò in affitto l'appartamento!

P: Ah, bene! Mi fa piacere.

G: Vorrei chiederle ancora un paio di informazioni.

P: Sì, dimmi!

G: Bisogna versare una cauzione? L'affitto si paga in anticipo?

P: Sì, dovresti versarmi una cauzione, e poi pagare la prima rata dell'affitto entro due settimane da questo versamento.

G: Va bene. E quando potrò occupare l'appartamento?

P: Se vuoi occupare l'appartamento subito, dimmi quando possiamo prendere un appuntamento per la firma del contratto.

G: Sì, vorrei trasferirmi al più presto. Che ne pensa se ci vediamo lunedì prossimo per firmare il contratto? Le va bene?

P: Sì, per me va benissimo. Vieni a questo indirizzo, è il mio ufficio.

G: Perfetto, ci sarò. La ringrazio per la sua disponibilità, signora Paola. A lunedì!

P: Ti aspetto. Grazie a te Giulia, a lunedì!

⌐ Keywords and Phrases	
Giulia è appena guarita da una lunga malattia – Giulia has just recovered from a long disease.	Signora, mi scusi, mi sono persa. Può dirmi dove sono? – Lady, Excuse me, but I am lost. Can you tell me where I

Certamente. Ma mi raccomando, non si dimentichi di me. - Certainly. But I beg you, don't forget about me.

Il problema ai polmoni è completamente sparito! – The problem at your lungs are completly gone.

Stavo scherzando! – I was kidding.

Riprenderò ad allenarmi poco a poco. – I will resume training little by little.

E chiede informazioni a una passante. - And asks information to an intern.

am?

Ti mostro tutte le stanze, entra! – I will show you all the rooms, get in.

Sì, l'appartamento è spazioso e anche molto soleggiato – Yes, The apartment is very big and also very sunny.

Dove c'è una cantina – Where is a bar?

Bisogna versare una cauzione? - A security deposit is required.

Pagare la prima rata dell'affitto – I will pay the first installment of the rent.

Walter e Bianca sono in partenza per le vacanze estive.
Trascorreranno una settimana di ferie in un albergo sul mare,
non lontano dalla città in cui vivono.
Lui passa a prendere la fidanzata con la sua macchina, una
utilitaria di piccola cilindrata. Le citofona e lei scende con i
suoi bagagli.

W: Buongiorno amore! Pronta a partire?

B: Buongiorno amore! Sì, eccomi! Non vedo l'ora. Queste sono le mie valigie.

W: Ne hai portate due!

B: Sì, sai che a noi donne piace portare tanti vestiti. Perché non sei venuto con la macchina grande?

W: Perché questa è più comoda da parcheggiare.

B: Hai ragione. Ma ora dove le metto le valigie?

W: Dalle a me, non ti preoccupare! Faccio spazio nel portabagagli e le poso.

B: Perfetto, grazie amore. Io mi siedo e accendo la radio, così mettiamo un po' di musica e partiamo!

I due ragazzi arrivano sull'autostrada ma la trovano piena di macchine.

B: Uffa, che traffico! Ci sono troppe auto qui.

W: Eh, Bianca, non ti arrabbiare! Porta pazienza! La strada per il mare è sempre trafficata.

B: Sì, hai ragione. Però dai, andiamo! Prendiamo un'altra strada.

W: Va bene, proviamoci!

Walter esce dall'autostrada e va verso una strada statale, dove di solito c'è meno gente.

W: Giriamo da qui, e vediamo se siamo fortunati.
B: Sì, dai! Cerchiamo di evitare il traffico. Tanto non abbiamo fretta.

Walter imposta il navigatore satellitare e segue le indicazioni, ma ad un certo punto i due ragazzi si trovano in un tratto di strada pericoloso.

B: Walter, dimmi la verità, per piacere. Ci siamo persi?
W: Non ti innervosire, Bianca! Forse ho sbagliato a svoltare a destra, qui c'è divieto di accesso. All'incrocio sarei dovuto andare a sinistra.
B: Ora, dimmi, cosa facciamo?
W: Ci fermiamo qui davanti a questo cancello e chiediamo informazioni.
B: Shhh, non parlare ad alta voce! Non vedi il cartello "Attenti al cane"? Se fai troppo rumore, il cane si arrabbierà.
W: Sì, hai ragione. C'è anche un cartello di proprietà privata, proviamo a vedere se c'è qualcuno.

Walter si avvicina al cancello e vede un signore in giardino che gioca con il suo cane.

W: Buongiorno signore, scusi il disturbo.
S: Buongiorno a lei, mi dica. Non abbia paura del cane, è tranquillo.

W: Ah, bene. Io e la mia fidanzata ci siamo persi! Avevamo impostato il navigatore satellitare, ma ho sbagliato strada a un incrocio e siamo arrivati qui.

S: Capisco. Non vi preoccupate! È facile tornare indietro e riprendere il percorso giusto.

W: Ci sa dire come dobbiamo fare?

S: Certo, mi ascolti e non si confonda. Esca dal mio cancello e giri subito a sinistra. Vada dritto fino all'incrocio e svolti a destra. Percorra tutta la strada fino al semaforo, e poi prosegua verso la statale. Non sbagli, mi raccomando!

W: Perfetto, ho preso nota delle sue indicazioni. La ringrazio moltissimo per la sua gentilezza! Arrivederci!

S: Prego, si figuri! Arrivederci e buon viaggio!

Walter e Bianca riprendono il loro viaggio e stavolta seguono la strada giusta. Dopo circa mezz'ora, lei fa una richiesta al fidanzato.

B: Walter, fammi un piacere. Fermati alla prossima stazione di servizio! Scusami, ma ho proprio fame!

W: Ma certo! Non ti devi scusare. Mi fa piacere fermarmi e riposare un po'. E poi anch'io ho fame.

I due fidanzati raggiungono un'area di servizio, parcheggiano la macchina e vanno al bar. Fanno lo scontrino alla cassa e poi si mettono in fila.

B: Buongiorno. Per favore, dammi un panino al prosciutto cotto e un panino al tonno e pomodoro.

C: Subito. Mi fa vedere lo scontrino?

B: Eccolo!

C: Tenga, buon appetito!

Bianca e Walter consumano i loro panini. Poi tornano in macchina e si mettono in coda per fare benzina. Improvvisamente una macchina non rispetta la fila e li supera. Walter si arrabbia, scende e parla con il guidatore dell'altra macchina.

W: Mi stia a sentire, signore. Stia fermo e dia la precedenza a chi era in fila prima di lei! Non vada avanti senza rispettare la coda.

G: Che cosa sta dicendo? Parla con me?

W: Sì, sto parlando con lei. Non faccia finta di non averci visti. Noi eravamo in fila prima di lei per fare benzina, e lei ci è passato davanti con la sua auto.

G: Ma non dica bugie! Io non vi ho visti.

W: D'accordo, non voglio litigare. Faccia benzina, e impari l'educazione.

G: Non mi insulti! Non vi ho visti, non dico bugie.

Walter e Bianca lasciano passare avanti il signore poco educato e poi finalmente riescono a fare benzina. Dopo ripartono, sperando di arrivare presto al mare per rilassarsi, divertirsi e dimenticarsi di questo viaggio pieno di ostacoli e disavventure.

⌐ Keywords and Phrases	
Una utilitaria di piccola cilindrata. – A small car with few cylinders.	Non vedi il cartello "Attenti al cane"? – Don't you read the sign, "watch out dogs"?
Le citofona e lei scende con i	Certo, mi ascolti e non si

suoi bagagli. – He honked the horns and she comes down with the luggage.

I due ragazzi arrivano sull'autostrada ma la trovano piena di macchine. – They arrived at the driveway, but there is heavy traffic.

Va bene, proviamoci! – Ok, let us try.

In un tratto di strada pericoloso. – On a dangerous path of the road.

Ci siamo persi? – Are we lost?

Non ti innervosire, Bianca! - Don't get nervous, Bianca.

confonda – Certainly, listen to me and don't get confused.

Fanno lo scontrino alla cassa – They pay the receipt at the cashier.

Improvvisamente una macchina non rispetta la fila e li supera – Suddenly a car does not respect the like and passes them.

Ma non dica bugie! Io non vi ho visti. – Don't lie! I have not seen you.

Pieno di ostacoli e disavventure. – Full of obstacles and misadventures.

Alvaro e Marina sono fratello e sorella e abitano insieme. Lui oggi non si sente molto bene e chiede un favore alla sorella, che sta per uscire.

A: Marina, puoi venire qui nella mia stanza per favore?

M: Certo, arrivo! Dimmi tutto.

A: Stamattina non mi sento bene. Credo di avere l'influenza. Potresti prendermi la confezione di aspirine che c'è nell'armadietto dei medicinali?

M: Te la porto subito! Eccola.

A: Grazie mille. Io purtroppo devo restare a letto e non posso uscire, altrimenti mi viene la febbre. Potresti andare in farmacia a comprare le medicine che mi servono?

M: Ovviamente, Alvaro. Dimmi che cosa devo comprare, e ti porterò tutto al più presto.

A: Per favore, sorellina, prima di uscire portami qui in camera la vestaglia che c'è nell'armadio. Così potrò indossarla se dovrò alzarmi dal letto.

Alvaro scrive l'elenco delle medicine di cui ha bisogno e lo dà alla sorella, che va in farmacia al posto suo.

Marina raggiunge la farmacia più vicina, che si trova a pochi passi dalla loro casa. Si mette in fila e incontra un ragazzo che ha conosciuto di recente al lavoro, e mentre aspettano il loro turno scambiano due chiacchiere. Dopo qualche minuto tocca a Marina.

F: A chi tocca?

M: A me, dottore. Buongiorno.

F: Buongiorno signora.

M: Vorrei comprare le medicine per mio fratello, che ha l'influenza. È un po' raffreddato, e ha la tosse e anche dolori in tutto il corpo.

F: Capisco. Allora le do una confezione di aspirine, una confezione di pastiglie per la tosse e un flacone di sciroppo.

M: Perfetto, grazie. Secondo lei che cosa può mangiare? Cibi leggeri e magari qualcosa di caldo?

F: Sì, esattamente. Mi raccomando, non lo faccia uscire! Oggi ci sarà molto freddo e rischia di peggiorare.

M: Quanto le devo?

F: In tutto sono 20 euro.

M: Grazie per i suoi consigli, dottore. Arrivederci!

F: Arrivederci!

Mentre torna verso casa, Marina si ricorda di una cosa che le aveva detto suo fratello e si ferma in un negozio.

M: Buongiorno, vorrei provare il paio di scarpe rosse che c'è in vetrina.

C: Buongiorno. Certo, glielo prendo subito. Che numero porta?

M: Porto il 41, pianta larga.

C: Perfetto, ci è rimasto giusto l'ultimo paio. Le dirò subito i motivi per cui vale la pena acquistare queste scarpe: eleganza, comodità e prezzo basso!

Marina prova le scarpe ed è molto soddisfatta.

M: Mi piacciono moltissimo, le compro! Non gli manca davvero nulla!

C: Signorina, le faccio i complimenti per la scelta che ha fatto. Desidera altro?

M: Vorrei prendere anche una cravatta per mio fratello.

C: Conosce bene i suoi gusti?

M: Sì, gli piacciono tanto le cravatte spiritose, come quelle che ci sono sui vostri manichini.

C: Ah, capisco. Gliene faccio vedere subito qualcuna.

M: Grazie.

C: Eccole qui. C'è qualche colore che preferisce?

M: Mmm…sì! Credo che prenderò questa cravatta verde con questo disegno particolare.

C: Benissimo. Le porto tutto in cassa.

M: Sì, grazie.

Marina paga il conto e torna a casa per portare le medicine a suo fratello.

M: Alvaro, sono tornata! Come stai?

A: Abbastanza bene! Ho misurato la febbre e non è alta. 37.4!

M: Ottimo! Ti ho portato le medicine, e anche un piccolo regalo!

A: Oh, sorellina. Non dovevi disturbarti. Che bella, è la cravatta che avevo visto in quel negozio qui vicino!

M: Eh sì!

A: Te ne sei ricordata. È molto bello il pensiero che hai avuto per me, grazie!

M: È stato un piacere fratellino. E invece dimmi…chi è la ragazza che è con te nell'ultima foto che hai pubblicato sul tuo profilo Facebook?

A: Ah, sì. Hai visto? È la ragazza che ho conosciuto alla festa di compleanno del mio amico Sergio.

M: È davvero molto bella!

A: Sì, è simpatica, intelligente e piena di interessi. Mi piacciono le persone con cui non ci si annoia mai.

M: Sono contenta, fratellone. Non mi piaceva la ragazza con cui uscivi poco tempo fa, quella che avevi conosciuto su Internet.

A: Sì, l'avevo conosciuta su Facebook, ma era una persona poco sincera. E non puoi fidarti di chi non conosci bene.

M: È vero, hai ragione. Le persone che si incontrano su Internet a volte sono inaffidabili.

A: Questa ragazza che ho conosciuto alla festa invece sembra molto dolce e onesta.

M: Meno male. Ti auguro buona fortuna con lei! Magari sarà la ragazza che sposerai un giorno!

A: Ah ah, sorellina, mi fai ridere. È un po' presto per dirlo.

M: Sì, ovviamente stavo scherzando. Vuoi vedere le scarpe che ho acquistato nel negozio in cui ti ho comprato la cravatta?

A: Certo!

M: Eccole, ti piacciono?

A: Sono bellissime! Starebbero molto bene con il vestito che ti ha regalato nostra madre per il compleanno.

M: Infatti, hai ragione. Penso di indossarle proprio con quel vestito, quando andrò alla cena di lavoro che il mio ufficio organizzerà la prossima settimana.

A: Sarai bellissima, sorellina!

M: Tu sei troppo buono, fratellone. Adesso riposati! Così non ti sale la febbre.

A: Eh sì. Grazie di tutto Marina!

💬 **Keywords and Phrases**	
Credo di avere l'influenza. – I think I have the flu	**E rischia di peggiorare.** – And it is risking getting worse.
Altrimenti mi viene la febbre – Otherwise I will have a fever	**Eleganza, comodità e prezzo basso!** – Ellegance, comfortable and low price.
La vestaglia che c'è nell'armadio. – The dressing gown that is at the closet.	**Conosce bene i suoi gusti?** – You know well his taste.
È un po' raffreddato – Is little sick (cold).	**Profilo Facebook?** – Facebook profile.
E ha la tosse e anche dolori in tutto il corpo – Coughing and pain all over the body.	**È davvero molto bella!** – She is very gorgeous.
Cibi leggeri e magari qualcosa di caldo? – Light food and possible something liquid.	Sono inaffidabili. – They are unreliable.
	È un po' presto per dirlo. – It is a little too soon to say it.

Vittorio è a casa con suo fratello e gli sta raccontando di aver incontrato una persona all'Università.

V: Sai, Paolo, ho conosciuto una bellissima ragazza all'Università. L'ho incontrata il mese scorso a una festa organizzata per gli studenti stranieri che vengono qui a studiare. È bellissima, ha i capelli biondi e gli occhi azzurri.

P: Mi fa piacere per te, fratello! E da dove viene? Dalla descrizione mi sembra che venga dalla Svezia! Di solito le svedesi sono bionde e con gli occhi azzurri.

V: No, non è svedese, è tedesca!

P: Vi siete parlati?

V: No, ci hanno soltanto presentati. C'erano anche tanti ragazzi inglesi, francesi, olandesi, spagnoli, portoghesi e russi.

P: È strano che tu non le abbia parlato! Ti piace molto fare amicizia con gli studenti stranieri e parlare in inglese.

V: Sì, è vero. Ma temo che non si ricordi di me. Ieri l'ho incontrata all'università e non mi ha neppure salutato.

P: Ah, capisco. Dai, è probabile che ci sia presto un'altra festa e così la rivedi. L'Università ne organizza sempre tante.

V: Sì, infatti. Adesso telefono a nostra sorella, penso che sia tornata a casa a quest'ora.

P: Come mai la chiami?

V: Dato che domani è un giorno festivo, spero che possiamo stare tutti insieme e magari andare a fare una gita.

P: Ottima idea, sono d'accordo.

Vittorio prende il telefono e chiama sua sorella Cristina, che è sposata e ha due figli.

M: Pronto?

V: Pronto, ciao Michela! Sono lo zio Vittorio, come stai?

M: Ciao zio, bene grazie. Tu?

V: Tutto bene. Dov'è la mamma?

M: Credo che sia in cucina. Io sono con Domenico nella nostra stanza, e stiamo sistemando i giocattoli. Mamma vuole che teniamo la camera in ordine.

V: Bravissimi. Me la passi, per favore?

M: Certo, la chiamo subito. Ciao zio!

V: Ciao!

C: Ciao Vittorio, come va?

V: Tutto bene grazie. Tu? Spero che il mal di denti ti sia passato.

C: Sì, grazie, tutto ok. Sono appena tornata e sto preparando la cena.

V: Tuo marito non c'è?

C: No, è dovuto uscire per un'emergenza in ospedale e rimarrà fuori per un po'.

V: Ah, pensavo che fosse a casa. Vorrei farvi una proposta.

C: Quale?

V: Dato che domani è un giorno festivo, mi piacerebbe stare tutti insieme.

C: Sì, sarebbe bellissimo. Purtroppo è probabile che mio marito debba lavorare di nuovo.

V: Capisco. Lui è un medico ed è normale che resti a disposizione dei suoi pazienti anche in un giorno festivo.

C: Infatti, è proprio così.

V: E tu e i bambini che cosa farete? Dove andrete?

C: Credo che restiamo a casa. È meglio che evitiamo di metterci in macchina nel traffico in un giorno di festa.

V: Sì, sono d'accordo. Vi andrebbe allora di venire a pranzo qui a casa? Ci saranno anche mamma e papà, così Michela e Domenico potranno stare un po' con i nonni.

C: Mi sembra che sia davvero un'ottima idea! Ci vediamo domani all'ora di pranzo.

V: A domani, sorellina! Vi aspettiamo.

L'indomani mattina i genitori di Vittorio e Cristina iniziano a preparare il pranzo.

M: Francesca, ma che ore sono? A che ora arriva nostra figlia con i nipotini?

F: Sono le 11, Mauro. Suppongo che arrivino verso le 12:30. Immagino che a quest'ora siano a Messa.

M: Ah, sì hai ragione. Pensavo che fosse più tardi, il mio orologio segna le 11:30.

F: Allora temo che si sia rotto o che si sia scaricata la batteria!

M: Eh sì, è probabile! Lo porterò ad aggiustare.

F: Secondo te, vale la pena che io prepari le frittelle con i carciofi?

M: Mmm…non sono certo che i bambini le mangino! Ho l'impressione che le verdure non gli piacciano tanto.

F: Infatti, è meglio che io vada sul sicuro e gli cucini le patatine fritte!

M: Con le patatine fritte è impossibile che ti sbagli!

Cristina e i suoi figli arrivano puntuali per il pranzo, e tutta la famiglia si siede a tavola per gustare i piatti preparati da

Francesca. Alla fine del pranzo Vittorio vorrebbe uscire con sua sorella e i nipotini.

V: Cristina, Michela, Domenico, ho una proposta da farvi e spero che vi piaccia!

D: Che proposta zio?

V: Mi farebbe piacere che andassimo tutti insieme a fare una passeggiata nel parco qui vicino.

Il parco è molto grande, contiene campi da calcio, tennis, pallavolo e pallacanestro, ed è provvisto anche di tavoli da ping-pong e biliardo. Volete venire con me?

D: Che bello! Immagino che sia un posto divertentissimo. Mamma, possiamo andare con lo zio?

C: Sì, certo, andiamo!

M: Grazie mamma! Zio, ci sono anche animali in questo parco?

V: Sì, Michela! Ci sono uccelli, conigli, tacchini, oche e pappagalli! E c'è anche un recinto, dove si può fare un giro a bordo di un cavallo o di un asino!

M: Davvero? Pensi che sia pericoloso?

V: No, assolutamente. Ci sono dei sorveglianti che ti aiutano, e gli animali sono molto tranquilli.

M: Stupendo! Allora andiamo e divertiamoci!

🗨 Keywords and Phrases	
È strano che tu non le abbia parlato! - It is strange that you did not talk to her. **Ma temo che non si ricordi di me** – I fear she does not remember me.	**Vorrei farvi una proposta.** – I would like to propose an offer. **Allora temo che si sia rotto o che si sia scaricata la batteria!** – I fear it is broken and that the battery is dead.

92

L'Università ne organizza sempre tante. – The university always organizes at lot.	**Pensi che sia pericoloso?** – Do you think it is dangerous?
Ottima idea, sono d'accordo. – Excellent idea, I agree.	**Ci sono dei sorveglianti che ti aiutano** – There are guards that helps you.
Spero che il mal di denti ti sia passato. – I hope that the toothach is gone.	**Stupendo! Allora andiamo e divertiamoci!** – Wonderful! Let us go and have fun then.

Sara credeva che il suo obiettivo fosse impossibile da raggiungere, e invece ha ricevuto una bellissima notizia.

Fin da quando era piccola ha avuto una passione per la fotografia, e da grande ha voluto che diventasse il suo mestiere. Alcuni anni fa ha aperto il suo laboratorio fotografico, ma ha sempre desiderato allestire una mostra delle sue fotografie. Ha sperato che il suo sogno diventasse realtà quando ha avuto l'occasione di inviare i suoi scatti per partecipare a una mostra allestita da giovani fotografi, che si organizzerà in Germania. I suoi colleghi sono sempre stati un po' invidiosi della sua bravura, e pensavano che anche stavolta le sue opere fossero mediocri. Lei invece ha avuto fiducia in se stessa, e ha fatto il possibile affinché il suo lavoro venisse apprezzato.

Sara ha aspettato con ansia che arrivasse nella sua buca delle lettere la busta con la risposta della giuria, e finalmente qualche giorno fa ha ricevuto la busta. Il verdetto è stato positivo, e fra qualche settimana Sara andrà a esporre le sue fotografie a Berlino, insieme ad altri giovani fotografi di tutto il mondo.

Entusiasta per questa notizia, Sara telefona subito a sua madre per informarla.

S: Ciao, mamma! Come stai?

M: Ciao tesoro, bene grazie tu? Purtroppo non posso stare molto al telefono, sono al lavoro.

S: Ah, capisco! Scusami per il disturbo, pensavo che fossi già uscita dall'ufficio.

M: Sì, ho avuto un contrattempo e sono ancora qui. Dimmi tutto.

S: Hanno accettato la mia richiesta di partecipazione alla mostra dei giovani fotografi! Sono felicissima.

M: Bravissima, Sara! Congratulazioni! Ti richiamo appena esco, così ne parliamo bene. Avrò il piacere di vederti in questi giorni per festeggiare?

S: Certamente! Ci mettiamo d'accordo e così ti racconto tutto a quattr'occhi. A più tardi, mamma!

M: A più tardi!

Dopo qualche settimana, arriva il momento della partenza per Sara. Sono le ore 15 e il suo volo decolla alle 19, ma va all'aeroporto in anticipo per evitare di arrivare in ritardo. Insieme a lei partiranno altri 10 giovani e uno dei responsabili della mostra. Sara raggiunge il luogo dell'appuntamento, dà un'occhiata in giro e le sembra che manchi ancora qualcuno. Si avvicina per fare la conoscenza delle persone con cui partirà.

S: Buon pomeriggio, io mi chiamo Sara. Sono lieta di conoscerla!

G: Buon pomeriggio! Piacere di conoscerti, io sono Giordano, uno dei responsabili della mostra.

S: Sono arrivati tutti gli altri partecipanti?

G: Non ancora. Pensavo che tutti avessero letto la comunicazione della modifica dell'orario dell'appuntamento, ma può darsi che qualcuno non abbia ricevuto in tempo il messaggio. È probabile che dobbiamo aspettare ancora un po'.

S: Ok!

G: Nel frattempo ti posso presentare i tuoi colleghi: Alexandros, che viene dalla Grecia, Marta, che viene dalla Spagna, Hans, che viene dalla Danimarca, e infine Ibrahim, che viene dal Marocco.

S: Bene! Pensavo che ci fossero anche altri partecipanti italiani.

G: No, partecipa un solo fotografo per ogni paese.

S: Ah, capisco. E dato che stiamo andando in Germania, c'è qualcuno che parla bene il tedesco?

G: Sì, io conosco bene la lingua, e poi presso la mostra lavoreranno anche degli interpreti, che ci aiuteranno.

S: Ottimo.

Una dei partecipanti si avvicina a Sara per scambiare due chiacchiere.

M: Ciao, tu sei Sara vero? Poco fa ho sentito che dicevi il tuo nome.

S: Sì! Lieta di conoscerti! Tu sei Marta, giusto?

M: Sì, sono Marta e vengo da Barcellona. Capisco un po' di Italiano, però non lo parlo molto bene. E tu? Parli spagnolo?

S: Sì, io ho studiato lo spagnolo a scuola e lo parlo un po'.

M: Ah, benissimo, allora con te possiamo parlare nella mia lingua. Però vorrei che mi insegnassi un po' di italiano perché è una lingua che mi piace moltissimo.

S: Con piacere, Marta! Da quanto tempo fai la fotografa?

M: Da tanti anni, è una passione che ho sempre avuto. E da molto tempo speravo che si realizzasse il mio sogno di esporre le mie fotografie in una mostra.

S: Davvero? Sai che anche io fin da bambina sognavo che le persone entrassero a una mostra solo per ammirare le mie foto?

96

M: Immagino! Beh, allora possiamo farci i complimenti a vicenda per aver realizzato un nostro sogno!

S: Sì, infatti!

M: Ti dispiacerebbe se ti chiedessi di accompagnarmi a mangiare qualcosa mentre aspettiamo che arrivino gli altri ragazzi?

S: Assolutamente no. Mi fa piacere accompagnarti!

M: Come ti dicevo, parlo poco l'italiano e vorrei che mi insegnassi parole nuove, che fossi la mia insegnante di italiano!

S: Certo! Possiamo fare uno scambio, anch'io vorrei che mi insegnassi un po' di spagnolo.

M: Allora, affare fatto! Che fortuna poter conoscere una nuova amica e imparare anche una nuova lingua!

S: Eh sì, hai ragione.

In un batter d'occhio, Sara e Marta vanno a mangiare qualcosa insieme, e si mettono subito a parlare del più e del meno. Raggiungono di nuovo il luogo dell'appuntamento, dove nel frattempo sono arrivati gli altri partecipanti. Ora viene il bello, è il momento di partire!

🗨 Keywords and Phrases	
Sara credeva che il suo obiettivo fosse impossibile da raggiungere – Sarah thought that he goal was impossible to fulfill it.	**Ti richiamo appena esco, così ne parliamo bene** – I will call you back as soon as I leave, that way we can speak better.
Fin da quando era piccola – Since she was a baby.	**Ci mettiamo d'accordo e così ti racconto tutto a quattr'occhi** – Let us agree

Ha voluto che diventasse il suo mestiere. – He wanted it to become his profession.

I suoi colleghi sono sempre stati un po' invidiosi della sua bravura – Her collegues were always a little jealous by her boldness.

E pensavano che anche stavolta le sue opere fossero mediocri. – And even now, they thought that his work was mediocre.

Ha avuto fiducia in se stessa – He has always trust in himself.

Finalmente qualche giorno fa ha ricevuto la busta – Finally a few days later she receives the mail.

and then I can tell you everything with details.

Dà un'occhiata in giro e le sembra che manchi ancora qualcuno. – She looks around and believe that someone is still missing.

C'è qualcuno che parla bene il tedesco? - Is there anyone who speaks German?

Da quanto tempo fai la fotografa? – For how long have you been in photography?

È una passione che ho sempre avuto – It is a passion I have always have.

Possiamo fare uno scambio – We can trade

Allora, affare fatto! – Ok, it is a done deal.

In un batter d'occhio – In a blink of an eye.

Lorella e suo marito Cristiano ieri sera hanno litigato e oggi sono ancora un po' arrabbiati l'una con l'altro. Lui prova a fare pace con la moglie.

C: Lorella, vorrei che tu mi scusassi per ieri sera, ho esagerato.

L: Lascia perdere, non importa! A volte penso che se tu non fossi così testardo, io mi arrabbierei molto meno.

C: Dai, se dici questo, sbagli! Può capitare di litigare.

L: Io penso che se tu cambiassi lavoro, saresti più soddisfatto e meno stressato, e così litigheremmo di meno! E magari guadagneresti anche di più.

C: Sì, in questo caso hai ragione, se riuscissi a trovare un altro lavoro, risolverei molti dei miei problemi.

L: Forse, se conoscessi più lingue, tutto sarebbe più facile! Potresti fare dei corsi, e poi cercare nuove opportunità.

C: Infatti, se avrò più tempo, proverò sicuramente a cercare altri lavori anche all'estero. Che ne pensi amore?

L: Ma magari potessimo trasferirci all'estero! Io ne sarei felicissima.

C: Chissà, forse ci riusciremo. Per farmi perdonare per il nostro litigio di ieri, ti ho fatto un regalo. Anche perché fra pochi giorni è San Valentino.

L: Davvero?

C: Sì! E se non avessimo litigato, stamattina non sarei uscito presto e non ti avrei comprato questo regalo. Dai, apri il pacchetto. Sono curioso di vedere se ti piacerà.

L: Sicuramente sì. Fammi un po' vedere…Accipicchia, è un bracciale stupendo! Ti sarà costato tantissimo, non avresti dovuto.

C: E invece sì! Dovevo farmi perdonare.

L: Sei perdonato amore mio! Ma dove lo hai comprato? Non ci sono gioiellerie qui vicino!

C: Hai presente quel nuovo centro commerciale che hanno aperto poche settimane fa? Sono andato lì.

L: Ah, capisco. No, non lo conosco. Ma se avessi del tempo libero, vorrei andarci in questi giorni. Raccontami, come è fatto? Quali negozi contiene?

C: Il centro commerciale è grandissimo, ci sono negozi e servizi di ogni tipo.

Il parcheggio è molto spazioso e si trova sia all'aperto che al coperto. Al piano terra c'è un calzolaio, che fa e ripara le scarpe; è un vecchietto simpaticissimo, sono andato a farmi riparare un paio di mocassini e mi ha detto che da quando ha aperto il suo negozio nel centro commerciale i suoi affari sono molto migliorati, dato che il centro è sempre pieno. Poi ho visto anche la sede di un'attività edilizia; ci lavorano un falegname, che crea su misura mobili, arredamenti e manufatti in legno, un verniciatore, che pulisce e vernicia mobili, porte, finestre e infissi, un gruppo di muratori, che costruisce e ripara case ed edifici, e anche un team di ingegneri, che si occupa dei progetti delle varie costruzioni e dirige i lavori. Sono andato a chiedere informazioni in questo ufficio, perché mio fratello vuole costruirsi una casa in campagna, e quindi ho visto i servizi che offrono.
Sempre al piano terra ci sono negozi di abbigliamento, bar, caffetterie, fast food, una bottega di un orologiaio, un negozio

di sartoria, che cuce e ripara vestiti in breve tempo, e una
tappezzeria, dove si riparano sedie, poltrone e divani.
Poi sono salito anche al primo piano, che ospita una multisala,
alcuni ristoranti e uno studio in cui lavorano diversi
professionisti: un notaio che redige atti, un avvocato e un
architetto, impegnato con i suoi progetti e i suoi disegni.
Mi sono divertito molto a esplorare il centro commerciale, ma
è troppo grande, ha 3 piani in tutto e io dovevo andare via. Se
mi fossi fermato ancora, non sarei arrivato in tempo al lavoro!

L: Caspita, questo centro commerciale è davvero enorme, da
quello che mi racconti. C'è anche un servizio medico?
C: Sì, certamente. Visto che il posto è sempre pieno di persone,
è stato installato un ambulatorio di pronto soccorso, gestito da
un medico e un'infermiera.
L: Beh, certo, si tengono pronti a qualsiasi emergenza in un
ambiente così grande. Non vedo l'ora di andarci!
C: Ti accompagnerei anche oggi, se potessi! Ma devo andare in
ufficio fra poco.
L: Sì, certo, non preoccuparti. Alla prima occasione ci andiamo.
C: Ora devo fare un paio di telefonate noiose. Se potessi,
eviterei!
L: Ah, sì? A chi?
C: In ufficio stiamo facendo dei lavori di ristrutturazione.
L'elettricista ha riparato i guasti dei fili, degli apparecchi
elettrici e di altri macchinari, e adesso deve completare
l'installazione dell'impianto dell'illuminazione. L'idraulico
invece ha montato un nuovo impianto delle tubature
dell'acqua, ma deve ancora riparare i rubinetti guasti. Devo
telefonare a entrambi per prendere nuovi appuntamenti.

L: Povero marito mio! Quante cose a cui pensare. Ma se non ci fossi tu, come farebbero nel tuo ufficio?

C: Vero, Lorella? Lo penso anch'io! Magari riuscissi a trovare un lavoro meno faticoso, e con uno stipendio più alto, sarebbe un sogno!

L: Sì, magari! Grazie ancora per il regalo. Adesso ti lascio ai tuoi impegni, vado in palestra.

C: Beata te, amore! A più tardi.

Keywords and Phrases	
Hanno litigato – They fought **E oggi sono ancora un po' arrabbiati l'una con l'altro.** - And today they are still angry at each other.	**Fammi un po' vedere** – Show me a little bit
Lui prova a fare pace con la moglie. – He tries to make peace with the wife.	**Accipicchia, è un bracciale stupendo** – Perfect, it is an incredible bracelet.
A volte penso che se tu non fossi così testardo – Sometimes I think that if you would not be that stubborn.	**Ci sono negozi e servizi di ogni tipo.** – There are businesses and services of any kind.
Può capitare di litigare. – You could realize not to fight	**E si trova sia all'aperto che al coperto.** – And it it located indoors and outdoors.
Tutto sarebbe più facile! – Everything would be easier.	**È stato installato un ambulatorio di pronto soccorso** – A first aid clinic has been installed.
Sono curioso di vedere se ti piacerà. – I am curious to see if it will please you.	**Non vedo l'ora di andarci!** – I cannot wait to go there.
	Beata te, amore! A più tardi. – Lucky you darling! See you later.

Unit Twenty

Gianmarco sta rientrando a casa dopo una lunga giornata di lavoro. In questi giorni è felicissimo perché, in maniera tanto improvvisa quanto sorprendente, si è fidanzato con una bellissima ragazza di nome Anita, ed è innamoratissimo di lei. È tanto contento per questa novità nella sua vita e decide di scrivere una lunga lettera a una sua carissima amica, che vive a Londra.

G: Carissima Marina,

Come stai? Come va la vita nella piovosa Londra? Qui in questa stagione il clima è bello, e finalmente si possono fare delle belle passeggiate all'aria aperta.
Ti scrivo perché ho voglia di raccontarti una importante novità che mi riguarda, e spero di non fare troppi errori scrivendo in inglese, si sa che è più difficile scrivere che parlare in una lingua straniera.
Sono innamorato cotto! Ti ricordi quando ti ho parlato di Anita, la ragazza che ho conosciuto qualche mese fa? Abbiamo iniziato a uscire, ci siamo piaciuti molto e ci siamo fidanzati. È successo tutto prestissimo, perché lei è una ragazza splendida e ho capito che innamorarsi è meno difficile di quanto tu creda. Io sono più giovane di lei di quindici anni, ma per noi la differenza di età non conta. Ha meno di 30 anni e ha già un ottimo impiego in una famosissima casa di moda, e sicuramente il suo lavoro è più interessante del mio. Mi sento

superfortunato ad averla incontrata, è la persona più buona che conosca, e la più bella che io abbia mai visto.

Anche se è più piccola di me, abbiamo le stesse passioni e ci somigliamo molto. Ad esempio la sera ci piace più stare a casa che uscire, e per fare le nostre scelte nella vita agiamo più istintivamente che razionalmente. Per festeggiare il nostro fidanzamento vorremmo fare una vacanza; l'unico problema è che io viaggio più volentieri in aereo che in treno, mentre lei ha paura dell'aereo! Quindi se partissimo dovremmo scegliere una destinazione vicina per evitare di fare un viaggio troppo lungo.

Ti auguro di innamorarti presto amica mia, è la cosa migliore che ti possa succedere.

Mentre Gianmarco sta scrivendo la lettera rientra a casa suo fratello minore Roberto, con cui condivide l'appartamento.

G: Ciao Roberto, ma come mai sei bagnato fradicio?

R: Ciao Gianmarco! Non te ne sei accorto? Sta piovendo a catinelle!

G: Ah! No, stavo scrivendo una lettera e stavo ascoltando musica, quindi non ho sentito il rumore della pioggia.

R: Tra l'altro sono dovuto tornare a piedi.

G: E perché a piedi? Non eri andato al cinema con il tuo scooter ultramoderno?

R: Sì, infatti, sono andato al cinema ed era pieno zeppo. Sono arcicontento di esserci andato, perché il film era molto bello, direi che è il migliore che abbia visto di recente. Quando sono uscito, sono andato a riprendere lo scooter e sono partito, ma lungo la strada mi sono dovuto fermare perché si è guastato.

G: Mannaggia! E non è più ripartito?

R: Nemmeno per sogno! Ho chiamato il carro attrezzi, e poi ho dovuto lasciare lo scooter in officina. Dato che l'officina era vicina a casa ho pensato di tornare a piedi. Ma d'improvviso si è messo a piovere e quindi sono arrivato a casa bagnato fradicio. Ora sono stanco morto! Non vedo l'ora di mettermi a letto.

G: Ma quindi erano così pessime le condizioni del tuo scooter?

R: Sì, a quanto pare la batteria era totalmente scarica e anche le ruote dovevano essere sostituite.

G: Allora sarà utilissimo l'intervento del meccanico, indubbiamente ti restituirà lo scooter prestissimo e in ottime condizioni.

R: Esatto, ha detto che sarà pronto al massimo tra un paio di giorni.

G: Benissimo. Allora ti va di berci un bicchiere di vino per rilassarci un po'? Anch'io sono stanco morto, oggi in ufficio ho avuto una giornata pesantissima.

R: Con piacere, fratello!

G: Guarda, qualche giorno fa ho comprato alcune bottiglie di vino in un'enoteca vicinissima a casa di Anita.

R: Eh, ormai conoscerai ottimamente quella zona, dove vive la tua fidanzata!

G: Sì, infatti. Senti che buon profumo esce da questa bottiglia!

R: È vero Gianmarco! Sembra un odore di frutta.

G: Prendi, assaggia!

R: È buonissimo! Questo vino è sopraffino, sei proprio un grande esperto.

G: Sai quanto mi piace il vino. Se non facessi già un altro lavoro, farei volentieri un corso per diventare un sommelier!

R: Eh sì, lo so.

G: Vieni, andiamo di qua in giardino, così ci sediamo comodi e ci godiamo la bellissima atmosfera che c'è stasera.

R: Andiamo! E brindiamo a te e Anita, spero che vi sposiate prestissimo…ho tanta voglia di fare lo zio!

Keywords and Phrases	
Si sa che è più difficile scrivere che parlare in una lingua straniera. – It is known that it is more difficult to write than to speak a foreign language.	**Sta piovendo a catinelle!** – It is raning cats and dogs.
Sono innamorato cotto! – I am crazy in love.	**Quindi non ho sentito il rumore della pioggia.** – Therefore, I did not hear the sound of the rain.
Abbiamo iniziato a uscire – We started dating.	**Ed era pieno zeppo** – And it as completely full
Ma per noi la differenza di età non conta – But for us, the difference in age does not matter.	**Perché si è guastato.** – Because it failed.
	Mannaggia! E non è più ripartito? – Damn! In addition, it did not start anymore.
Mentre lei ha paura dell'aereo – While she is afraid of airplans.	**Nemmeno per sogno!** - Not even in dreams.
È la cosa migliore che ti possa succedere. – It is the best thing that could happen to you.	**Senti che buon profumo esce da questa bottiglia!** – Smell what nice scent comes out of this bottle.
Ma come mai sei bagnato fradicio? – But how come you	**Ho tanta voglia di fare lo zio!** – I cannot wait to be an uncle.

are soaking went?	

Alberto e Gigi si conoscono dai tempi del liceo. Non si vedono da un po' di tempo perché Gigi è stato all'estero per un convegno e oggi si incontrano al bar che frequentano solitamente.

A: Gigi, come stai? Non ci vediamo da tantissimo tempo!

G: Ciao Alberto! Bene, grazie e tu? Sì, è vero, sono stato all'estero e sono tornato da pochi giorni.

A: Vai di fretta oppure ti posso offrire un caffè?

G: No, sono liberissimo oggi pomeriggio. Con piacere! Sediamoci qui a questo tavolino, va bene?

A: Benissimo. Che cosa mi racconti di bello?

G: Ti ricordi quando qualche tempo fa ti dissi che sarei partito per un convegno?

A: Sì, mi dicesti che saresti andato nel Sud della Spagna per partecipare a un convegno di filosofia.

G: Esatto. Proprio il mese scorso andai a Málaga per un convegno. Presi un volo diretto e atterrai tranquillamente, apparentemente senza particolari problemi.

A: Perché apparentemente?

G: Perché dopo che scesi dall'aereo e presi la valigia, mi successe una cosa molto strana. Alla fermata dei taxi lessi un avviso che parlava di un blocco stradale nei pressi dell'aeroporto, che causava anche un rallentamento del servizio dei taxi. Vidi, infatti, che molte persone in fila prendevano lo stesso taxi per evitare di aspettare troppo tempo, dato che le macchine a disposizione erano poche. Mi misi subito in fila e quando arrivò il mio turno, indovina con chi mi toccò condividere il taxi?

A: Con qualcuno che conosco anch'io, suppongo!

G: Hai indovinato! Precisamente con il nostro professore di filosofia del liceo, e andavamo anche nello stesso posto!

A: No, davvero? Con il nostro amato Professor Sacchi! Fu sicuramente uno dei migliori professori che abbiamo avuto.

G: Infatti, sono d'accordo.

A: E come sta il professore? Dove lavora adesso?

G: Sta molto bene, e lavora all'Istituto Italiano di Cultura a Barcellona, dove insegna Filosofia e Storia.

Quando venne il nostro turno e incrociammo i nostri sguardi, ci siamo emozionati! È stato bellissimo dare un abbraccio al professore.

Salimmo sul taxi e ci dirigemmo verso il palazzo in cui si sarebbe tenuto il convegno. Il professore mi raccontò che sarebbe stato uno dei relatori, e che avrebbe parlato dei filosofi spagnoli contemporanei.

Arrivammo puntuali al convegno, perché il taxi fortunatamente riuscì ad evitare il blocco stradale e a raggiungere il centro cittadino in tempo. Entrammo nel palazzo e salimmo al terzo piano, dove era stata allestita la sala principale. Io mi sedetti tra il pubblico in una delle prime file, mentre il professore prese il suo posto tra i relatori.

Il convegno fu interessantissimo e mi piacque molto. Uno dopo l'altro intervennero tutti i relatori, e io presi tanti appunti, utili per il mio lavoro e i miei studi.

A: Dopo il convegno che cosa fece il professore? Parlaste di nuovo, oppure dovette andare via?

G: Io lo aspettai per un po' e stetti all'uscita della sala, perché volevo fare ancora quattro chiacchiere con lui. Ma non uscì dalla sala finché non ebbe risposto a tutte le domande che gli venivano fatte, e salutato i colleghi e gli amici presenti al convegno.

A: Non mi stupisco! È sempre stato una persona cordialissima e gentile con tutti.

G: Sì, infatti. Ti ricordi quando lo incontrammo a un concerto di musica classica e non uscì finché non ebbe salutato tutti i membri dell'orchestra?

A: È vero! Ricordo anche un episodio divertente a scuola, di quando entrò in sala professori e ci rimase chiuso dentro! C'era un vento molto forte, le chiavi caddero dalla serratura e lui non riuscì ad aprire la porta! Fu sicuramente una brutta esperienza per lui.

G: Sì, che risate ci facemmo!

A: Ridemmo proprio a crepapelle! E, quindi, dopo il convegno che avete fatto?

G: Finalmente, dopo circa un'ora di attesa, il professore uscì dalla sala e andammo a mangiare qualcosa in un locale tipico della città, che lui conosce molto bene.

Mi raccontò che subito dopo che noi ci diplommammo, ricevette un'importante offerta di lavoro e decise di accettarla, anche se si dovette trasferire dall'Italia in Spagna. Quindi andò a vivere a Barcellona, dove iniziò a lavorare all'Istituto Italiano di Cultura, e oggi occupa ancora il posto di professore. È fidanzato e convive con la sua compagna da qualche anno. Non si è mai sposato, ma dice che gli piacerebbe avere dei bambini.

A: Secondo me sarebbe un ottimo padre, con noi studenti è sempre stato amorevole e dolcissimo.

G: Sì, lo penso anch'io. La cena fu abbastanza lunga, finimmo tardi. Sai che gli spagnoli hanno orari diversi dai nostri per quanto riguarda i pasti.

Teach Yourself Italian Conversation

A: Eh sì, lo so. E come si concluse la serata?

G: Dato che uscimmo dal ristorante a mezzanotte circa, decidemmo di salutarci e di tornare ai nostri alberghi. Entrambi saremmo ripartiti il giorno dopo e volevamo riposare. Ma fu davvero un bellissimo incontro.

A: Immagino! Magari avessi potuto essere lì con voi!

G: Infatti, amico mio! Ci sei mancato e abbiamo parlato tanto di te!

Keywords and Phrases	
Non ci vediamo da tantissimo tempo! – It has been long time that we don't see each other.	**Non mi stupisco!** - I am not surprised
Apparentemente senza particolari problemi. – Apparently without any problem in particular.	**Sì, che risate ci facemmo!** – What a laugh we had.
Indovina con chi mi toccò condividere il taxi? – Guess with whom I had to share the taxi?	**Ridemmo proprio a crepapelle!** – We were laughing outloud.
Perché volevo fare ancora quattro chiacchiere con lui – Because I wanted to chat with him a little bit more.	**Magari avessi potuto essere lì con voi!** – I wished you would be there with us.

Nicoletta lavora come traduttrice e ha appena completato la traduzione della guida turistica di Granada. Sua madre le chiede come procede il lavoro.

M: Ciao Nicoletta, disturbo?

N: No, assolutamente. Dimmi tutto, mamma.

M: Volevo sapere come va la traduzione della guida turistica. Sei già a buon punto?

N: Benissimo, grazie! L'ho appena finita e la sto rileggendo.

M: Bravissima, avrai fatto sicuramente un ottimo lavoro.

N: Grazie mille mamma! Se non sei impegnata, avresti voglia di ascoltare la mia traduzione?

M: Sono liberissima in questo momento. Ti ascolto con piacere, vai!

N: *Granada è una città spagnola, che nel corso dei secoli è stata governata da diverse popolazioni. Fu conquistata dagli arabi nel 711, e durante il dominio islamico è stata una delle città commerciali più importanti, in cui venivano scambiate pietre preziose, pelli, armi e polveri da sparo. Successivamente fu trasformata in uno dei centri più prosperi di tutta la Spagna dal punto di vista economico, sociale e culturale. Dopo alcuni secoli di occupazione musulmana e dopo le grandi invasioni, nel 1492 Granada fu riconquistata dai Re Cattolici Ferdinando e Isabella di Castiglia, che nel mese di gennaio entrarono in città. Il palazzo dei Sultani dell'Alhambra fu scelto come sede della monarchia, e ancora oggi è considerato un monumento Patrimonio dell'Umanità.*

Nei secoli seguenti la città fu teatro di ribellioni e repressioni, ma visse anche periodi di splendore e riuscì a diventare uno dei maggiori centri mondiali per quanto riguarda la letteratura e la musica. È stata raccontata dai versi di Federico García Lorca e dalle note di Andrés Segovia, ed è stata ritratta dal genio di Salvador Dalí.

Granada è attraversata dal fiume Darro, e ha un clima secco e continentale. È bagnata dalla pioggia raramente, ed è circondata da alte montagne, che in estate fanno diventare la temperatura ancora più alta.

La città è molto visitata dai turisti, che ne apprezzano i monumenti, le feste e i locali caratteristici dove si cantano il flamenco e la musica gitana.

Il monumento più famoso di Granada è il complesso dell'Alhambra, che fu costruito nel quattordicesimo secolo, e ancora oggi è fiancheggiato da quattro torri. Anche la Cattedrale è inclusa tra le attrazioni più ammirate della città; fu eretta nel 1506 e comprende una Cappella, dove sono conservate le spoglie dei Re Ferdinando e Isabella, della loro figlia Juana e del marito Felipe, e del loro piccolo nipote Miguel.

Ti sto annoiando mamma?

M: Per niente! Sentire tutte queste informazioni è molto interessante.

N: Sì, come sai io adoro Granada ed è stato bellissimo tradurne la guida turistica.

M: La storia della città e i monumenti sono spiegati molto bene, da chi sono state fatte le varie ricerche?

N: Quando in ufficio creiamo una guida turistica, le ricerche sui monumenti, sulle attrazioni e su tutti gli elementi interessanti vengono fatte da un gruppo di colleghi che sta spesso in giro in diversi paesi a raccogliere informazioni.

M: Capisco, quindi per prima cosa i dati vengono scritti da questi tuoi colleghi, e poi che succede?

N: Dopo la scrittura dei dati, viene effettuata la rielaborazione dai computer dell'ufficio. Le informazioni sono sempre riadattate per poter essere visibili anche sui telefonini o sui tablet.

M: Che significa?

N: Le nostre guide turistiche sono esclusivamente digitali, e quindi saranno lette dai turisti tramite PC, tablet o smartphone. Per questo motivo i testi devono essere brevi e visualizzabili su uno schermo.

M: Ah, ecco. E dopo che è stata completata la rielaborazione, la traduzione viene subito affidata a te e ai tuoi colleghi, giusto?

N: Sì, ogni guida viene tradotta da un solo traduttore, che poi sarà aiutato nella revisione da un apposito gruppo di collaboratori.

M: Accipicchia! La guida è sottoposta a un lungo processo di creazione!

N: Esattamente mamma, è proprio così.

M: Ho un'ultima curiosità, posso?

N: Certo, chiedi tutto quello che vuoi!

M: Dato che ci sei andata tante volte, qual è il monumento di Granada che preferisci?

Teach Yourself Italian Conversation

N: L'Alhambra è sicuramente splendido, ma io preferisco la Cattedrale e la storia che è raccontata dalla sua cripta, dove sono sepolti i sovrani.

M: E come mai?

N: Perché sono stata colpita dalla storia della regina *Juana la Loca*, che per quasi tutta la sua vita è stata trattata male dal marito e poi anche da qualcuno dei suoi figli. Dopo la morte del marito, che la tradì molte volte, lei fu considerata folle per dei suoi comportamenti, mossi dal dolore per il lutto. Addirittura fu rinchiusa in un castello e fu completamente isolata dal mondo esterno.

Magari potesse ancora parlare! Credo proprio che non vorrebbe riposare accanto al marito, che tanto l'ha fatta soffrire!

Keywords and Phrases	
Sei già a buon punto? – Are you advanced? **L'ho appena finita e la sto rileggendo.** – I have just finished it and I am proofreading it. **Sono liberissima in questo momento.** – I am free at this moment.	**Dopo la scrittura dei dati** – After we write the facts **Lei fu considerata folle per dei suoi comportamenti** – She was considered crazy because of her behavior.

Conclusion

Thank you very much for selecting for your learning experience **Teach Yourself Italian Conversaion By Dr. Yeral E. Ogando**. *Luckily, you've reached the end of the course, therefore, you are ready to speak* **Italian** *fluently with anyone.*

I encourage you to continue practicing and speaking Italian at all times, as I have already said **Practice makes perfect.** *Visit my website for more information.*

Dio vi benedica e ci vediamo la prossima volta.

Yeral Ogando
www.aprendeis.com

✧ BONUS PAGE ✧

Dear Reader,

You need to download the MP3 Audio files to follow this unique method gradually. Please visit our website at:
http://aprendeis.com/italian-audio-conversation/

The username is "**italianc**"

The password is "**italianc2020**"

Just download the Zip File and you are ready to start your learning experience.

If you want to share your experience, comments or possible question, you may always reach me at info@aprendeis.com

————————————— *Remember:* —————————————

Reviews can be tough to come by these days, and you, the reader, have the power to make or break a book. If you have the time, share your review or comments with me.

Thank you so much for reading ***Teach Yourself Italian Conversation*** and for spending time with me.

In gratitude,

Dr. Yeral E. Ogando

Yeral E. Ogando comes from a very humble origin and continues to be a humble servant of our Lord Almighty; understanding that we are nothing but vessels and the Lord who called us, also sends us to do His work, not our work. Luke 17:10 "So likewise ye, when ye shall have done all those things which are commanded you, say, We are unprofitable servants: we have done that which was our duty to do."

Mr. Ogando was born in the Caribbean, Dominican

Republic. He is the beloved father of two beautiful girls "Yeiris & Tiffany" and three handsome boys "Bennett, Ethan & Nathan"

Jesus brought him to His feet at the age of 16-17. Since then, he has served as Co-pastor, pastor, Bible School teacher, youth counselor, and church planter.

Fluent in several languages Mr. Ogando is the Creator and owner of an Online Translation Ministry operating since 2007; with Native Christian translators in more than 25 countries and translating into more than 250 languages. (www.christian-translation.com),

The most exciting thing about his Translation Ministry is that thousands of people are receiving the Word of God in their native language on a daily basis and hundreds of ministries are able to reach the world through the work of Christian-Translation.com along with his network of websites in different languages related to Christian Translation and Christian Services.

He's earned several degrees among them: Master of Arts in Theological Studies, Master of Arts in Languages and Linguistics and Doctor of Philosophy in Theology

www.ingramcontent.com/pod-product-compliance
Lightning Source LLC
Chambersburg PA
CBHW030844090426
42737CB00009B/1097